AF514117

KARRAR HAMZA

Ich bin ein alleinstehender, gesunder, erwachsener Mann

Dieses Buch ist ein Werk persönlicher Erinnerungen. Namen, Orte und Ereignisse wurden zum Teil geändert oder anonymisiert, um die Privatsphäre zu schützen.

Verlag: BoD · Books on Demand GmbH,

Überseering 33, 22297 Hamburg, bod@bod.de

Druck: Libri Plureos GmbH, Friedensallee 273,

22763 Hamburg

ISBN: 978-3-8192-0928-4

First edition

This book was professionally typeset on Reedsy.
Find out more at reedsy.com

Contents

Widmung

Für meine Mutter und meine Schwester,
die mich während des Krieges getragen haben.
Ohne euch hätte es dieses Buch nie gegeben.

Epigraph

> ***"The only way to deal with an unfree world is to become so absolutely free that your very existence is an act of rebellion."***
> *—Albert Camus*

Bevor du dieses Buch liest

Ich bin kein Prominenter.
Es gibt keine Stiftung, die meinen Namen trägt.
Kein Gebäude brannte, als ich ging. Kein Denkmal fiel.
Ich bin nur ein Mensch.
Noch immer wartend. Noch immer treibend.
Während ich das schreibe, lebe ich im Niemandsland —
in einem Land, das mich vielleicht abschiebt,
mit einer Zukunft, die keiner benennt.
Das System sagt nicht Ja.
Es sagt Nein.
Und dann wartet es, ob du einfach verschwindest.
Und trotzdem — ausgerechnet jetzt erzähle ich meine Geschichte.
Nicht, weil sie ein Happy End hat.
Sondern weil sie ein ehrliches hat.
Du wirst hier keine Helden finden.
Keine saubere Dramaturgie.
Keine Erlösung mit orchestraler Filmmusik.
Aber du wirst Folgendes finden:
– Einen Jungen, aufgewachsen in einem Haus voller religiöser Trauer.
– Einen Jugendlichen, der durch Kugeln und Helikopterlicht rannte.
– Einen Mann, der geliebt hat, zerbrach —
und sich vom Gefängnisboden wieder aufrichtete.
– Einen Geist, der zur Stimme wurde.
– Eine Stimme, die ein Gesicht wurde.

– Ein Gesicht, das zu einer Bewegung wurde.
– Eine Bewegung, die angegriffen wurde.
– Und trotzdem — weiterschreibt.
Wenn du nach einem Grund suchst, zu hoffen —
ich werde dir keinen verkaufen.
Aber wenn du wissen willst,
was es braucht, um Mensch zu bleiben —
auch wenn niemand zusieht —
dann schlag die nächste Seite auf.
Dies ist keine Geschichte über Glauben.
Es ist die Geschichte von allem,
was ich verbrennen musste,
nur um atmen zu lernen.

1

Wer ich bin, wenn niemand hinsieht

Ich mag Ehrlichkeit.
Ich mag es, echt zu sein.
Ich hasse dieses Gefühl,
mich für mein Sein schuldig zu fühlen.
Ich mag keine Lügen –
weder die, die wir anderen erzählen,
noch die, die wir uns selbst erzählen.
Ich habe beides getan.
Ich habe in beidem gelebt.
Aber ich versuche immer noch, jemand zu sein,
der das nicht mehr muss.
Es gibt Dinge, auf die ich nicht stolz bin.
Aber ich wollte nie stolz sein.
Ich wollte nur wahrhaftig sein.
Ich habe Angst vor Kränen.
Diese riesigen Dinger, die über Baustellen schweben.
Jedes Mal, wenn ich an einem vorbeigehe,
beschleunige ich meinen Schritt.
Blicke nach oben.

Als könnte der Himmel genau über mir einstürzen.
Ich mag Katzen.
Weil sie nie um Erlaubnis bitten, einfach sie selbst zu sein.
Ich liebe es, neue Gerichte zu probieren.
Alkohol zu kosten, den ich noch nie hatte.
Zu sehen, was passiert,
wenn die Regeln ein bisschen weicher werden
und die Nacht ein bisschen länger.
Ich liebe es, einen engen Freund zu haben.
Nicht viele – nur einen.
Denn dann fallen die Mauern.
Dann verschwinden die Grenzen.
Dann werde ich zum offenen Buch.
Zu dem Typen, der dir alles erzählt –
auch das, was er besser für sich behalten sollte.
Für Fremde bin ich eine Black Box.
Ein Rätsel.
Ein Schweigen, das man sich verdienen muss.
Ich kann still sein.
Ich kann friedlich sein.
Aber in mir drin bewegt sich immer etwas.
Ich liebe dumme Witze.
Die Sorte, bei der ein Freund erst sauer wird –
und dann lauter lacht, als er wollte.
Ich habe Krieg erlebt. Verlust. Flucht. Gefängnis.
Und trotzdem lache ich.
Schätze Geschmäcker.
Und erinnere mich daran,
wie es sich anfühlt, jemandem genug zu vertrauen,
um albern zu sein.
Und weißt du was?

Ich kenne mich selbst noch nicht ganz.
Manche Teile von mir entdecke ich erst jetzt.
Ich lerne noch, wer ich wirklich bin –
ohne Angst. Ohne Masken. Ohne Lügen.
Vielleicht bin das ich.
Kein Überlebender. Kein Aktivist.
Kein Flüchtling. Kein Opfer. Keine Schlagzeile.
Nur jemand, der noch immer nach einem Ort sucht,
an dem Mauern fallen dürfen –
und Witze keiner Erklärung brauchen.

Ende des Kapitels

2

Der Mann, der nicht da war

Ich erinnere mich kaum an ihn.

Ein paar verschwommene Bilder.

Ein Gesicht, das mehr Mythos war als Vater.

Ein alter Mann mit viel Geld —

und einem Mercedes, der im Hof parkte wie ein stiller König.

Er war ein Händler aus dem Sultanat Oman.

Ein Exporteur von getrockneten Limetten.

Er besaß Häuser. Geschäfte. Einfluss.

Und sechs Ehefrauen.

Meine Mutter war die letzte. Und die jüngste.

Sie war dreizehn, als sie ihn heiratete.

Er war fast fünfzig.

„Er hat uns aus der Armut gerettet", sagte sie.

„Er wollte eine Frau, die rein ist. Gläubig. Still."

Die Ehe war arrangiert.

So wie viele Dinge in unserer Welt.

Als ich klein war, sagte er manchmal, wenn ich unartig war:

„Ich werde deine Ohren mit denen des Esels verbinden — dann hast du vier."

Für ein Kind war das keine Drohung.
Das war Magie. Schwarze Magie.
Er war da, dann wieder weg.
Ein Schatten, der gelegentlich Spielzeug brachte —
kleine Autos, Plastik-Soldaten, Holztiere.
Er fuhr nach Oman.
Zu den anderen Frauen.
Zu den anderen Kindern.
Ich hatte Brüder. Schwestern.
Neun Schwestern. Zwei Brüder.
Ich war der Jüngste.
Aber das war eine Familie aus Namen,
nicht aus Menschen.
Eines Tages stand eine Gruppe Frauen vor unserem Haus.
Sie weinten. Schlugen sich auf die Brust.
Meine Mutter war unter ihnen.
Auch eine andere Ex-Frau meines Vaters.
Meine Schwestern. Meine Großmutter.
Ich fragte:
„Was ist passiert?"
Niemand antwortete.
Sie zwangen mich ins Haus.
Fuhren gemeinsam irgendwohin.
Danach durfte meine Mutter
vier Monate und zehn Tage lang keinen Mann sehen.
Dann ging sie mit anderen Frauen morgens zum Fluss,
warfen ihre schwarze Kleidung ins Wasser
und kehrten in Grau zurück.
Ich fragte, wo er war.
Sie sagten:
„Er ist weit gereist."

„Er kommt eines Tages zurück."
Ich wartete.
Ich glaubte.
Ich vermisste ihn.
Jahre vergingen.
In der Grundschule, irgendwann,
verstand ich es.
Ich sah, was sie nicht sagten.
Ich verband die Zeichen.
Ich sagte zu meiner Mutter:
„Ihr habt mich belogen."
Und sie sagte:
„Er kommt nie wieder."
Ich weinte.
Sie auch.
Aber ich glaube, sie weinte nicht nur um ihn.
Sie weinte um mich.
Um das, was ich nie haben würde.
Er hinterließ ein Vermögen.
Ein Gebäude. Mieteinnahmen. Ein Konto.
Als ich alt genug war — über 18 —
ging ich mit meiner Schwester zur Bank,
um das Geld zu holen.
Ich hatte das Gebäude nie gesehen.
Es stand in einer anderen Stadt.
Mein älterer Bruder verwaltete es.
Irgendwann wollte er keine Verantwortung mehr.
Wir mussten es selbst übernehmen.
Ein gemeinsames Konto.
Dann Probleme.
Die Bank wollte meine Unterschrift.

Ich war in Griechenland.
Ein Flüchtling.
Kein Erbe.
Das Geld war da —
aber hinter einem Schalter,
hinter einem Land,
hinter einem Namen,
der längst nicht mehr bedeutete,
was er einmal bedeutete.
Ich kenne ihn nicht.
Nicht wirklich.
Aber manchmal frage ich mich:
Hat er je an mich gedacht, als er ging?
War ich für ihn ein letzter Versuch,
oder nur ein weiterer Name auf einem Papier?
Ich weiß es nicht.
Ich weiß nur:
Er war nicht der erste Mann, der aus meinem Leben verschwand —
aber der erste, dessen Verschwinden nicht durch Krieg kam.
Nicht durch Religion.
Sondern durch einen Mann
mit einem Mercedes und vielen Kindern,
der kam, gab — und dann ging.
Und ich wuchs in der Lücke auf,
die er hinterließ.

Ende des Kapitels

3

Das Haus der Heiligen

Sie sagten, ich sei geboren worden, während ich den Zeigefinger hob — ein Zeichen der Heiligen oder der Propheten.

Die Ärzte sahen es.
Meine Mutter sah es.
Und für einen Moment glaubte die Welt an Magie.
Sie nannten mich Karrar.
Die Religion war bereits vorinstalliert.
Meine Mutter — eine Nachfahrin des „Propheten" Muhammad — war Berufstrauernde. Eine Mullah.
Sie sang in reinen Frauenversammlungen,
wo die Räume vom rhythmischen Weinen hallten,
Frauen sich auf die Brust schlugen,
trauerten um Hussein,
der vor 1.400 Jahren in Karbala getötet wurde.
Die Trauer hörte dort nicht auf —
sie kroch durch unser Haus wie Nebel.
Sie lebte in jeder Ecke, jedem Bilderrahmen,
jeder rissigen Wand,
an die Verse aus dem Koran geklebt waren.

Selbst die Zeit bewegte sich im Takt der Rituale.
Jeder Neumond brachte eine Zeremonie.
Unser Haus war kein Zuhause.
Es war ein Tempel der Trauer.
Eine Sendezentrale des Leids.
Ein Schrein mit Möbeln.
Gäste kamen mit Träumen,
die gedeutet werden sollten.
Sie fragten meine Mutter,
ob ihre Visionen etwas bedeuteten.
Sie neigte den Kopf,
schloss die Augen,
und sprach wie jemand,
der Botschaften aus der anderen Welt übersetzt.
Gott. Dschinn. Flüche. Prophezeiungen.
Sogar ich hatte einen.
Eines Nachts träumte meine Mutter,
ich sei in einem Krieg verwundet worden —
in einem heiligen Schrein.
Ich fiel zu Boden.
Und in ihrem Traum stieg der Mahdi herab —
der Erlöser, auf den die Schiiten in der Endzeit warten —
und berührte mich.
Heilte mich.
Sie wachte weinend auf.
Sie sagte zu mir:
„Du bist einer der Auserwählten.
Du wirst einer seiner 313 Soldaten sein."
Ich glaubte ihr.
Nicht, weil ich verstand.
Sondern weil ich mehr sein wollte

als nur ein Kind in einem staubigen Haus.
Ab da wurde ich besessen von den Zeichen der Apokalypse.
Von verborgenen Zahlen.
Prophezeiungen.
Monden.
Kriegen.
Bestien.
Ich las wie jemand,
der von etwas ergriffen war.
Selbst als Kind fühlte ich mich,
als würde ich für etwas trainieren.
Doch da wuchs noch etwas in mir. Leise.
Eine Frage.
Dann noch eine.
Warum werden nur Muslime gerettet?
Was passiert mit denen, die woanders geboren wurden?
Warum müssen Frauen ihr Gesicht bedecken?
Warum weinen sie um einen Mann,
der vor 14 Jahrhunderten starb —
aber nicht um sich selbst?
Ich erinnere mich an einen Tag,
an dem ich eine Frage stellte,
die zu tief kratzte.
Meine Mutter sah mich anders an.
Sie antwortete nicht.
Sie warnte mich vor dem Teufel,
der in Ohren flüstert.
Und da verstand ich zum ersten Mal:
Manche Fragen sind Verbrechen.
Ich spielte noch.
Ich lachte noch, ein wenig.

Aber unter allem
war ich schon auf der Suche.
Schon im Zweifel.
Schon auf dem Weg hinaus.
Aus der Stadt.
Aus den Ritualen.
Aus dem Haus der Heiligen.

Ende des Kapitels

4

Das letzte Mal, dass ich ihn sah

Das Haus gehörte dem Bürgermeister – so sagte man.
Oder vielleicht war es einfach leer.
Vielleicht war der Bürgermeister vor uns geflohen.
Alles, was ich wusste, war:
Es hatte ein Dach.
Wände.
Keine Kugeln.
Und für eine Weile reichte das.
Wir waren aus Nadschaf geflohen,
nachdem die Stadt zu einer Geisterstadt geworden war.
Nach den verbrannten Reifen.
Nach den Kugeln.
Jetzt waren wir in einer kleinen Stadt – Al-Schanafiya –
und hier schien die Welt langsamer zu atmen.
Keine Sirenen. Keine Explosionen.
Nur Kälte und Stille.
Das Bürgermeisterhaus war groß – aber leer.
Kein Teppich. Kein Tisch. Keine Stimmen,
die je dort gewohnt hatten.

Nur Wände,
die zu viel Echo hatten.
Unsere Familie – groß, verwoben, eng –
füllte die Räume mit Atem,
nicht mit Möbeln.
Wir saßen auf dem nackten Boden,
bis mein Onkel eines Abends verschwand
und mit einem Teppich und ein paar Decken aus einer nahegelegenen Moschee zurückkam.
Das war unser Zuhause:
gestohlene Wärme.
Geflüsterte Nähe.
Ein Dach aus Nichts –
aber genug, um die Nacht zu überleben.
Das war unser Boden.
Unser Bett.
Unser Dach über dem Kopf.
Aber ich beobachtete sie nicht.
Ich beobachtete meinen Onkel.
Er war mit uns gekommen.
Geflohen mit uns.
Trug Dinge, half anderen, bewegte sich leise.
Er war ein Deserteur –
ein Soldat, der sich geweigert hatte, auf das eigene Volk zu schießen.
Und jetzt versteckte er sich im Offenen,
schlief in Ecken,
mied Fenster,
stand nie lange an einem Ort.
Ich verstand nicht alles.
Aber ich verstand: **Er war in Gefahr.**
Und meine Mutter verstand es auch.

Sie sprachen flüsternd.
Eines Abends sah ich, wie sie ihm etwas in Stoff Gewickeltes übergab.
Später erfuhr ich, dass es ihr einziger Goldschmuck war –
ihre Ersparnis, ihre Sicherheit.
Sie gab es ihm,
ohne ein Wort,
wie jemand, der einen Teil seines eigenen Körpers weiterreicht.
An diesem Abend saß er länger bei uns als sonst.
Er lächelte öfter.
Stellte belanglose Fragen.
Erzählte einen Witz,
der nicht lustig war.
Ich glaube – vielleicht –
wusste er, dass es das letzte Mal sein würde.
Am Morgen war er weg.
Kein Zettel.
Kein Abschied.
Nur der Platz,
wo er gelegen hatte.
Ich fragte, wohin er gegangen sei.
Niemand antwortete.
Aber ich wusste es.
Irgendwie, in diesem stillen Haus,
in dieser kalten Stadt,
verstand ich:
Manche Menschen verschwinden nicht wie Rauch –
sie verschwinden wie Wurzeln,
die man aus der Erde zieht.
Langsam.
Leise.
Für immer.

Wir sahen ihn nie wieder.
Jahre später sagte jemand,
er sei bis nach Saudi-Arabien gekommen.
Ein Flüchtlingslager. Vielleicht Kanada.
Aber wir hörten nie von ihm.
Und ich erinnere mich,
wie meine Mutter an diesem Tag aussah –
nicht wie jemand, der trauert.
Eher wie jemand,
der sich selbst auf die Zunge beißt,
damit die Welt nicht auseinanderfällt.
Sie hat seinen Namen nie wieder gesagt.

Ende des Kapitels

5

Der Tag, an dem wir durch den Himmel rannten

Es war wie der Tag des Jüngsten Gerichts — so erinnere ich mich daran.

Der Himmel war nicht blau.
Er war nicht schwarz.
Er war rot.
Wolken rissen über den Horizont wie brennende Fahnen.
Blitze zerrissen die Stille —
aber es war nicht nur Donner.
Da waren andere Geräusche, von Menschen gemacht:
Bomben, Panzer, das dumpfe Krachen von Dingen,
die einmal Mauern gewesen waren.
Wir rannten.
Aber ich wusste nicht wohin.
Nur, dass wir mussten.
Meine Mutter trug mich —
nicht in ihren Armen, sondern auf der Schulter,
wie einen Sack Reis,
den sie zu stolz war, fallen zu lassen.

Manchmal reichte sie mich an meine Schwester weiter,
die jünger war als sie,
aber kaum größer.
Manchmal hielten sie mich an den Armen zwischen sich,
und ich lief, während meine Füße kaum den Boden berührten.
Ich war zu klein.
Zu langsam.
Zu schwer für diesen Moment.
Aber sie ließen mich nicht los.
Mein Onkel war seit dem Morgen verschwunden.
Keiner sagte es laut —
aber alle wussten es.
Wir waren nicht allein.
Überall um uns herum:
Frauen mit nackten Füßen und schreienden Kindern,
alte Männer mit Säcken auf dem Rücken,
ganze Familien,
die wie gebrochene Schatten durch das offene Land zogen.
Niemand sah den anderen an.
Niemand sprach.
Nur die Kinder weinten —
und selbst das war gedämpft,
als ob auch sie verstanden,
dass Lärm Kugeln anzieht.
Irgendwo hinter uns
rollte Saddams Republikanische Garde durch die Städte
wie eine Seuche.
Die Gerüchte sagten,
sie würden alles dem Erdboden gleichmachen —
als Strafe fürs Aufbegehren.
Nadschaf hatte sich dem Schaaban-Aufstand angeschlossen.

Und jetzt würde Nadschaf bezahlen.
Dann begann es zu regnen.
Nicht sanft. Nicht reinigend.
Es war der Regen, der wie Steine fällt.
Kalt. Hart. Schnell.
Vermischt mit Rauch, Staub und Elektrizität.
Und da waren wir —
meine Mutter, meine Schwester und ich —
gehend, rennend, tragend, zusammenbrechend.
Der Himmel brach mit uns zusammen.
Ich weiß nicht mehr, wie lange wir unterwegs waren.
Nur noch den Rhythmus:
Gehen. Rennen. Tragen. Verstecken.
Gehen. Rennen. Tragen. Weinen.
Wiederholen.
Dann schrie jemand:
„Ein LKW! Da ist ein LKW!“
Die Menschen strömten darauf zu —
nicht drängelnd,
sondern wie mit einem einzigen Willen.
Es war kein Bus. Kein Van.
Es war einer dieser riesigen, verbeulten Lastwagen,
wie man sie sonst für Zementsäcke oder Getreideernte benutzt.
Keine Sitze. Kein Dach.
Nur kaltes Metall und Matsch.
Das Heck war mit Draht verschnürt,
verrostet von Wetter und Krieg.
Ein paar junge Männer kletterten nach oben,
rissen das Schloss los.
Die Klappe krachte herunter,
und sie sprangen wieder ab,

um den anderen zu helfen.
Alte Frauen wurden gehoben.
Kinder reichten sich von Arm zu Arm.
Ein alter Mann rutschte ab —
ein Junge fing ihn auf.
Niemand sprach.
Alle bewegten sich.
Es war keine Armee.
Keine Familie.
Es war eine Spezies,
die versuchte, nicht zu verschwinden.
Meine Mutter trug mich zum LKW.
Meine Schwester half uns hinein.
Drinnen drängten sich die Menschen dicht an dicht —
Schulter an Schulter.
Rücken an Rücken.
Ihre Kleidung voll mit Matsch und Stroh.
Kein Platz zum Liegen.
Nur genug, um zu atmen.
Der Motor brüllte auf.
Und plötzlich —
waren wir nicht mehr zu Fuß.
Wir waren nicht in Sicherheit.
Aber wir bewegten uns schneller als die Angst.
Meine Mutter hielt mein Bein fest,
als könnte es ihr entgleiten.
Die Augen meiner Schwester starrten geradeaus.
Und ich —
ich schaute nur,
wie der rote Himmel hinter uns verschwand,
und sagte mir:

**„Vielleicht fühlt es sich so an,
wenn man das Ende der Welt verlässt."**

Ende des Kapitels

6

Zwischen zwei Stürmen

Es gab einen Krieg.

Dann kam die Stille.

Dann ein neuer Krieg.

Aber die Stille war kein Frieden.

Ich wuchs in einem Haus mit drei Frauen auf —

meiner Mutter, meiner Großmutter und meiner Schwester, fünf Jahre älter als ich.

Keine Männer. Kein Lärm. Kein Raum für Unachtsamkeit.

Unser Haus war ein Ort der Rituale.

Jedes Jahr, während Muharram und Safar, kamen Frauen zum Trauern.

Meine Mutter war die Mullah.

Sie trauerte nicht nur — **sie führte die Trauer an.**

Sie rezitierte. Weinte.

Und brachte andere Frauen dazu, im Takt auf ihre Brust zu schlagen.

Vor allem am 10. Muharram —

an diesem Tag musste das Trauern bei uns stattfinden.

Keine Ausnahmen.

Ich durfte nicht auf der Straße spielen.

Meine Mutter hatte Angst um mich — nicht nur wegen Bomben oder

Soldaten,

sondern weil selbst Jungen einfach verschwinden konnten.

Sogar Nachbarn konnten zur Gefahr werden.

Der Strom fiel ständig aus.

Keine Klimaanlage im Sommer.

Die Hitze summte vor Fliegen.

Die meisten schliefen auf den Dächern — aber wir nicht.

Wir waren nur drei Frauen und ein kleiner Junge. Wir blieben im Haus.

Der Krieg war vorbei —

aber der Irak war verwundet.

Ein Land unter Sanktionen.

Mangel. Demütigung. Isolation.

Wir überlebten —

nicht weil wir stark waren,

sondern weil mein Vater wohlhabend gewesen war.

Und sein Geld erreichte uns — nicht alles, aber genug, einmal im Jahr.

Zuerst hörten wir drei Jahre nichts von meinem älteren Bruder.

Dann kam die erste Zahlung. Und dann die nächste.

Es hielt uns über Wasser.

Es hielt mich in der Schule.

Und die Schule —

war nicht nur schlecht.

Ich hatte Freunde.

Ich lachte. Lernte.

Ich begann, Computer zu lieben.

Ich saß stundenlang am PC meines Cousins —

der später aus Bahrain kam, um in der Hawza[1] Religion zu studieren

---

[1] *Eine Hawza* ist eine schiitisch-islamische Hochschule für Theologie – ein Zentrum religiöser Gelehrsamkeit, an dem angehende Geistliche islamisches Recht, Theologie und Philosophie studieren. Besonders bekannt sind Hawzas in Ländern wie Irak oder Iran.

—

und war fasziniert davon, wie das alles funktionierte.

Und eines Sommers, nach langem Betteln, erlaubte mir meine Mutter endlich,

einen Kampfsportkurs zu besuchen — Taekwondo, Kung Fu, Karate.

Nur in den Sommerferien, sagte sie.

Aber für mich war das alles.

Nicht nur Sport — es war eine Art, stark zu sein.

Ein Held zu sein.

Meine Tante aus Bahrain kam jeden Sommer mit ihren Kindern zu Besuch.

Meine Cousins.

Sie brachten Geschichten. Lachen. Das Gefühl,

dass es noch mehr in der Welt gab als Regeln, Rituale und Vorsicht.

Das war das Leben —

zwischen Diktatoren und Bomben.

Zwischen Ritualen und Gerüchten.

Zwischen dem langen Schatten der Vergangenheit

und der lautlosen Bedrohung der Zukunft.

Aber ich habe es gelebt.

Und in jenen Jahren war das schon eine Form des Widerstands.

Ende des Kapitels

7

Der Tag, an dem der Himmel Besucher brachte

Wir gingen in der Nacht.

Nicht, weil die Invasion begonnen hatte —

sondern weil sie beginnen könnte.

Hinter unserem Haus lag eine Schule.

Doch unterrichtet wurde dort schon lange nicht mehr.

Saddams Armee hatte sie in ein Waffenlager verwandelt:

Kisten voller Munition. Vielleicht Raketen. Vielleicht Schlimmeres.

Niemand wusste es genau. Und niemand wollte es wissen.

Das Gerücht war einfach:

„Wenn die Amerikaner sie bombardieren, sind wir im Himmel, bevor wir uns verabschieden können."

Also gingen wir.

Zwei weitere Familien kamen mit.

Wir liefen vielleicht einen Kilometer —

zu einem Verwandten von jemandem.

Wir kannten sie kaum.

Aber sie hatten ein Dach.

Wände.

Und keinen Sprengstoff im Hinterhof.

Mehr brauchten wir nicht.

Zwei Tage später — am Nachmittag.

Die Luft hielt den Atem an.

So fühlte es sich an.

Als würde die Welt kurz zögern.

Dann kam das Geräusch.

Flügel.

Keine Vögel. Keine Jets.

Hubschrauber.

Tief und langsam.

Ein Schwarm aus Stahl, der sich über den Himmel zog.

Ich rannte aufs Dach.

Sie kamen vom Horizont — einer nach dem anderen.

Schwarz. Breit. Zielgerichtet.

Kein Schuss. Kein Widerstand.

Die Stadt... sah einfach nur zu.

Dann kippte einer.

Er verfing sich im Netz aus Stromkabeln,

das wie Adern durch unsere Straßen hing.

Die Rotoren drehten sich —

dann zerbrachen sie.

Der Hubschrauber stürzte zwischen zwei Häusern zu Boden.

Kein Feuer. Kein Krieg.

Nur Schwerkraft.

Ich schnappte mir mein Fahrrad.

Fuhr zur Hauptstraße.

Dort — mitten auf der Straße — stand ein Humvee.

Amerikanische Soldaten drumherum. Sonnenbrillen. Schwere Stiefel.

Seltsame Geräte an die Westen geschnallt.

Es sah aus wie eine Filmszene —

nur dass wir jetzt im Bild waren.
Die Menschen versammelten sich. Dutzende.
Niemand schrie. Niemand lief weg.
Wir winkten.
Und sie winkten zurück.
„Hallo Mister!“
„Al-salamu alaykum!“
Ein Wirrwarr aus Englisch und Arabisch,
wie Geschenke durch die Luft geworfen.
Keine Übersetzer. Keine Ansprachen.
Nur dieses seltsame, lächelnde Schweigen —
als würden wir alle so tun,
als wäre das hier... einfach.
Eine Befreiung.
Eine Ankunft.
Vielleicht ein Anfang.
Aber wovon —
das konnte keiner sagen.

Ende des Kapitels

8

Kreuzfeuer

Etwa ein Jahr war vergangen seit der Invasion.

Saddam war gefallen.

Aber der Frieden kam **nicht** mit ihm.

Die Stadt war **zerrissen**.

Die Mahdi-Armee kontrollierte das Heiligtum und die alten Gassen.

Die Amerikaner hatten sich im Friedhof verschanzt.

Und dazwischen: **wir**.

Zivilisten. Straßen. Läden. Luft.

Ich war nicht auf dem Weg zu etwas Großem.

Nur ein Spaziergang. Nur eine Pause.

Nur ein Moment fern von der Stille zu Hause.

Aber Nadschaf kennt kein „harmlos“.

Nicht mehr.

Ich kam durch die Sadiq-Straße, Richtung Kreisverkehr –

den sie früher „Revolutionskreis von 1920“ nannten.

Gerade als ich das Hayat-Gebäude passierte, sah ich sie:

Kämpfer in Deckung, mit RPGs, gerichtet auf das Friedhofstor.

Sie hoben die Hand.

„Wartet. Noch nicht. Wir zielen.“

Also warteten wir.
Nur ein paar von uns.
Stehend zwischen zwei Kriegen.
Dann –
„Geht jetzt. Schnell."
Wir gingen.
Langsam zuerst. Dann schneller.
Kein Verkehr. Keine Autos.
Nur ein langgezogener Streifen rissigen Asphalts,
flankiert von Gebäuden und Geistern.
Und dann:
Knall.
Eine Kugel zerschnitt die Stille.
Dann noch eine.
Eine zischte an meinen Knien vorbei.
Eine andere strich an meinem Ohr vorbei –
nah genug, um zu singen.
Wir warfen uns zu Boden.
Rannten halb gebückt, versuchten, im Staub zu verschwinden.
Dann endete das Gebäude.
Und wir waren wieder **ungeschützt**.
Der **Freitagsmarkt**.
Leer, aber noch da – mit Kisten und Tischen,
verstreut wie Knochen.
Ich sprang hinein.
Rollte. Duckte mich.
Kroch zwischen alten Reifen und rostigen Pfannen.
Es fühlte sich an wie eine **Verfolgungsjagd**.
Aber das hier war kein Film.
Das war Überleben.
Dann, über mir –

ein Hubschrauber, der tief schwebte, Ausweichmanöver flog.
Ich spürte den Wind seiner Rotoren in meinen Zähnen.
Ich wartete nicht.
Ich suchte nicht nach den anderen.
Ich rannte einfach.
Ich weiß nicht mehr, wie ich zur Straße kam.
Aber ich erinnere mich an das Taxi.
Ich öffnete die Tür, stieg ein, und schloss die Welt aus.
Ich sprach kein Wort.
Ich fragte nicht nach dem Preis.
Ich saß einfach da –
Lungen brennend, Finger zitternd, Ohren pfeifend –
und versuchte zu verstehen,
wie ich innerhalb eines Blocks
vom Müßiggang ins Kreuzfeuer geraten war.

Ende des Kapitels

9

Die Stadt der wachsamen Augen

Nach der Invasion wurde Nadschaf nicht frei.
Es wurde beobachtend.
Die Hawza – einst überwacht, **nun die Überwachenden.**
Religiöse Gelehrte gewannen nicht nur Anhänger, sondern **Macht.**
Verbotene Bücher kehrten zurück.
Vertriebene Geistliche kamen heim – und kandidierten für Ämter.
Rituale, einst im Flüsterton versteckt,
wurden nun durch die Straßen getragen.
Die Masken der Unterdrückung fielen –
und wurden durch neue ersetzt.
So sah die Stadt aus,
nachdem das Schweigen der Diktatur
von der **Lautstärke der Frommen** abgelöst wurde.
Nadschaf war nie ruhig. Nie still.

Immer war da ein Geräusch von draußen — der Gashändler mit seinem Megafon, der Schrotthändler mit dem scheppernden Karren, der Gebetsruf aus einer Moschee, Koranrezitation aus der nächsten.

Die Stadt flüsterte nicht. **Sie pulsierte.**
Aber nicht vor Freiheit.

Sondern vor Kontrolle.

Sie urteilte.

Sie erinnerte sich.

Sie beobachtete.

Wenn ein Auto vor einem Haus parkte, in dem kein Mann lebte — bemerkten es die Nachbarn.

Wenn in diesem Haus eine Frau allein lebte — kamen die **Gerüchte noch vor Sonnenaufgang.**

Und zu Mittag war sie eine **„Hure“.**

Eine **Schande.**

Eine **Bedrohung** für den Ruf der Nachbarschaft.

Jede Straße atmete etwas Heiliges — nicht nur wegen der Moscheen, sondern weil du immer wusstest:

Jemand hört zu.

Du konntest nicht weit gehen, ohne einen Lautsprecher zu hören.

Keine Musik. Keine Nachrichten.

Sondern die Stimme eines Mannes, getränkt in Trauer — Nawha[2], Predigten, Warnungen.

Überall Bilder von Märtyrern.

Junge Männer mit grünen Stirnbändern und Gewehren, porträtiert wie Heilige — oder **Drohungen.**

Manchmal **beides.**

Und dann die Schreine — **immer die Schreine.**

Das Grab von Imam Ali stand im Herzen von Nadschaf wie eine **goldene Wunde.**

Pilger, Geistliche, Bettler, Leibwächter — sie hörten nie auf zu kommen.

---

[2] *Eine Nawha* ist eine traditionelle schiitische Klageliedform, die oft in traurigem, melodischem Ton vorgetragen wird – besonders bei religiösen Trauerzeremonien wie denen zum Gedenken an Imam Hussain. Sie drückt Trauer aus und erinnert an historische Märtyrer, um emotionale und spirituelle Reflexion zu fördern.

Und es war nicht nur so, dass sich die Stadt um das Heiligtum drehte —

sie existierte wegen ihm.

Menschen zogen nach Nadschaf, um nahe beim Imam zu leben.

Um ihre Toten in seiner Nähe zu begraben.

Um die Luft eines Ortes zu atmen, der von seiner Erinnerung berührt war.

Ohne diese Kuppel gäbe es keine Stadt.

Nur Wüste.

Die Straßen in der Nähe waren ordentlicher. Nicht sauber — aber überwacht. Kontrolliert.

Anderswo brach Nadschaf an den Rändern.

Staub. Hitze, die Metall zum Weinen brachte.

Häuser, halb gebaut — als glaubte niemand daran, dass es ein Morgen geben würde.

Und dann war da der Friedhof.

Wadi al-Salam — das Tal des Friedens.

Er reichte bis zum Horizont.

Man sagte, fünf Millionen Gräber.

Ich glaubte es.

Die Luft veränderte sich dort. Nicht still — nein.

Du hörtest Weinen.

Du hörtest die Rezitation von **Sure Yasin.**

Am Eingang verkauften Kinder Rosenwasser und Weihrauch.

Weiter innen boten Männer an, das Grab deiner Angehörigen zu waschen, Räucherwerk zu entzünden, Gebete zu sprechen — für ein wenig Geld und ein bisschen Gnade.

Selbst die Toten hatten ihre Wirtschaft.

Nadschaf gehörte nicht nur zum Irak.

Es gehörte dem Schiitentum.

Hier war die Hawza — das Zentrum schiitischer Gelehrsamkeit.

Wo künftige Geistliche studierten.

Wo Fatwas geboren wurden.

Hier lebte der Groß-Ayatollah — der geistige Führer von Millionen Schiiten weltweit.

Nadschaf war keine Stadt. Es war ein Hauptquartier.

Spirituell. Ideologisch. Politisch.

In Nadschaf gab es keinen Alkohol. Keine Nachtclubs. Keine Bars.

Und Frauen — sie mussten **bedeckt sein.**

Von Kopf bis Fuß. Kein Parfüm. Keine Farben. Keine Freunde.

Das war keine Rebellion.

Das war Grund genug, getötet zu werden — der Ehre wegen.

Ehre war die wahre Polizei.

Nicht der Staat. Nicht die Gerichte.

Man fragte nicht, was du glaubtest.

Man fragte, wie dein Vater hieß.

Welchem Stamm du angehörtest.

Ob deine Cousine Kajal trug.

Ob deine Schwester zu oft lächelte.

Ein Teil davon war **Tradition.**

Ein Teil war **Angst.**

Das meiste war **unsichtbar – aber schwer.**

Ich war ein Kind in Nadschaf.

Ich kannte die Worte „Kontrolle“, „Scham“ oder „Indoktrination“ noch nicht.

Aber ich wusste, wie man mit **gesenktem Kopf** ging.

Wie man den richtigen Männern zulächelte.

Wie man über die falschen Witze lachte — gerade genug, um durchzukommen.

Und ich wusste:

Ein falsches Wort eröffnete keine Diskussion.

Es beendete deinen Platz darin.

In Nadschaf fühlte sich selbst Gott an wie ein Mann, der hinter dir steht —

nicht mit offenen Armen,

sondern mit **verschränkten**

und einem **langen Gedächtnis.**

Das war die Stadt.

Und sie lebte in dir weiter — lang, nachdem du sie verlassen hast.

Ende des Kapitels

10

Bahrain – Die Stadt, die mich atmen ließ

Ich bin nicht aus dem Irak geflohen, **weil ich Freiheit suchte**.

Ich bin geflohen, **weil der Irak mir nichts mehr zu bieten hatte**.

Es war 2007 – vier Jahre nach der amerikanischen Invasion.

Bagdad brannte. Nadschaf war misstrauisch.

Sunnitische Milizen. Schiitische Milizen. Amerikanische Konvois.

Niemand ging auf die Straße, ohne sich vorher seine letzten Worte zurechtzulegen.

Ich hatte gerade mein Abitur gemacht.

Nicht gut genug für einen Studienplatz im Land.

Und selbst wenn – **wer setzt sich in ein Klassenzimmer, wenn draußen ein Scharfschütze wartet?**

Also ging ich.

Meine Tante lebte in Bahrain.

Sie war mit einem Scheich verheiratet – einem religiösen Prediger,

der einst in Indien missionierte, **bis die Regierung ihn aus dem Land warf**.

Konservativ. Geachtet. Streng.

Ihr Haus war fromm.

Koranverse an den Wänden. Predigten aus dem Fernseher.

Aber **niemand überwachte mich**.

Ich war nur der Neffe. Kein Sohn.

Und genau das gab mir Raum.

Ich schrieb mich an der AMA International University ein.

Elektrizität, funktionierende Hörsäle, genug Vielfalt, dass niemand fragte:

„Bist du Schiit oder Sunnit?“

Bahrain ist ein Land, ja. Aber für mich fühlte es sich an wie eine einzige Stadt –

klein, sicher, begreifbar.

Und ich hatte Cousins.

Gute. Meinesgleichen.

Sie verrieten mich nicht.

Sie wussten alles.

Wenn ich trank – sie wussten es.

Wenn ich wegging – sie deckten mich.

Wir reisten nach Dubai – **wirklich geschäftlich**.

Wir brachten Waren mit zurück, planten Verkäufe, versuchten etwas aufzubauen.

Aber wenn der Tag vorbei war, wenn die Koffer voll und die Deals gemacht waren –

dann lebten wir.

Dann feierten wir.

Nicht aus Flucht. **Sondern weil wir konnten.**

Bahrain war religiös – **auf dem Papier**.

Aber dort war Religion wie ein Anzug, **den man zu besonderen Anlässen trägt**.

In Muharram schlugen sich Männer auf die Brust,
und in anderen Nächten rauchten sie Shisha auf der Dachterrasse,
mit Popmusik im Hintergrund.

Man glaubte. Aber man lebte auch.

Ich war noch kein Atheist.

Aber ich betete nicht.

Ich fastete nicht.

Ich fragte nicht, was Gott von mir wollte.

Ich atmete.

Drei Jahre lang war Bahrain **mein Versteck.**

Mein Zwischenraum.

Mein erster Beweis, dass es auch anders geht.

Und irgendwo dazwischen begann etwas in mir zu bröckeln.

Die Leute denken, Atheismus beginnt mit einem Buch. Einer Debatte. Einem Philosophen. Einem Zitat.

Aber manchmal beginnt er, wenn man erkennt:

„Diese Religion ist nicht immer wahr.

Manchmal ist sie nur… ein Kostüm.“

Ende des Kapitels

11

Iranische Liebe, Stammesmauern

Ich war nicht auf der Suche nach Liebe.

Ich war auf der Suche nach einem **neuen Anfang**.

Nach drei Jahren in Bahrain kehrte ich zurück in den Irak.

Nicht aus Sehnsucht.

Sondern weil es **Zeit war**.

Ein **Zwischenstopp**. Ein **Übergang**.

Ich blieb ein Jahr.

Dann ging ich nach Malaysia.

Ich wollte **studieren**.

Ich wollte **atmen**.

Ich wollte **weiter weg**.

Und dort traf ich **sie**.

Sie war Iranerin.

Nicht schüchtern, nicht versteckt.

Kein Schleier. Kein Flüstern.

Sie sprach laut. Sie lachte laut.

Und wenn sie einen Raum betrat,

war er **ihrer**.

Ich verliebte mich.

Nicht in ihren Körper –
sondern in den **Raum, den sie sich nahm**.
In die Art, wie sie ihre Freiheit trug,
als hätte niemand das Recht, sie zu hinterfragen.
Wir waren nicht vorsichtig.
Wir waren jung.
Wir machten Fotos.
Wir gingen Hand in Hand.
Wir lebten, wie wir dachten,
dass **Liebe sein darf**.
Doch dann sah meine Mutter die Bilder.
Der Rock.
Das Lächeln.
Die Nähe.
Und plötzlich war nichts mehr ein Privileg.
Nichts mehr sicher.
„**Sie ist eine Schlampe**", sagte meine Mutter.
Nicht leise.
Nicht zögernd.
Sie sagte es,
als würde sie einen Dämon erkennen.
Als müsste sie mich vor einer **Krankheit** retten.
In ihrer Welt war ich nicht verliebt.
Ich war **besessen**.
Verführt.
Berauscht.
Gefährdet.
In ihrer Welt war die **Ehre** wichtiger als das **Herz**.
Und in dieser Welt
wurde ich **zurückgerufen**.
Ich reiste in den Iran, um sie zu sehen.

Wir sprachen von **Ehe**.
Von **Papieren**.
Von **Plänen**.
Aber in Wirklichkeit wussten wir:
Wir wollten nur zusammen sein.
Doch sie hatte ihre **Grenzen**.
Und ich hatte meine **Ketten**.
Sie wollte eine Familie kennenlernen –
nicht nur einen Mann,
der von seiner floh.
Ich wollte sie heiraten –
aber ich wusste nicht,
wie man gegen eine **Armee aus Mutter, Scham und Tradition** kämpft.
Und dann
wurde ich zurück in den Irak gerufen.
Meine Mutter wartete.
Nicht mit Argumenten.
Mit **Druck**.
Mit **Schweigen**.
Mit der Andeutung von **Krankheit**.
Von **Verrat**.
Von **Schuld**.
Sie brachte meine Cousine ins Spiel.
Eine Braut,
eine **Lösung**,
ein **Kompromiss**.
Jemand aus „unserem Blut".
Jemand, der „uns nicht beschmutzt".
Ich sagte **nein**.
Ich sagte es **mehrmals**.
Aber irgendwann...

hörte ich auf zu kämpfen.
Ich **gab nach**.
Ich **heiratete meine Cousine.**

Ende des Kapitels

12

Die Ehe, die ich in einer Woche rückgängig machte

Ich habe **meine Cousine geheiratet**.

Nicht aus Liebe.

Nicht einmal aus Hoffnung.

Sondern **weil ich müde war, mich zu wehren**.

Ich hatte *nein* gesagt. Mehrmals.

Ich hatte gestritten.

Ich hatte versucht, **meine Stimme zu behalten**.

Aber irgendwann wurde jede Antwort zu einem Schatten.

Jede Ablehnung wurde zur Schuld.

Und jede Schuld wurde zu einem neuen Beweis dafür,

dass **ich derjenige war, der die Familie „beschmutzte"**.

Sie stand plötzlich im Wohnzimmer.

Meine Cousine.

Geschminkt, höflich, lächelnd.

Sie trug kein Brautkleid.

Aber alles in ihrer Präsenz sagte:

„Es ist schon entschieden."

Ich wusste, was gespielt wurde.

Sie lockten mich mit Nähe.
Mit Andeutungen.
Mit stiller Verfügbarkeit.
Nicht mit Gewalt.
Sondern mit Inszenierung.
Und irgendwann,
sagte ich **ja**.
Es gab kein rauschendes Fest.
Nur ein paar Unterschriften.
Ein paar Lächeln.
Ein paar gesenkte Blicke.
Und plötzlich war ich ein Ehemann.
Aber **ich war nie wirklich da**.
Ich war im Iran.
Bei einer Frau, die frei war.
Ich war in Malaysia, auf dem Campus.
Ich war in Bahrain, auf der Dachterrasse.
Ich war überall, nur nicht in diesem Haus.
Eine Woche lang spielte ich mit.
Ich sagte die richtigen Sätze.
Ich aß das vorbereitete Essen.
Ich schlief in einem Raum, der nicht meiner war.
Aber mein Inneres war stumm.
Nicht leer – **gefesselt**.
Nach sieben Tagen stand ich auf.
Ich **atmete**.
Ich sagte es leise –
aber so, dass es keine Zweifel ließ:
„Ich kann das nicht.“
Sie fragten warum.
Ich sagte es nicht.

Denn was hätte ich sagen sollen?
Dass ich in jemand anderen verliebt war?
Dass diese Ehe ein Theaterstück war?
Dass meine Mutter eine Mauer war und kein Schutz?
Ich reichte die Scheidung ein.
Und noch am selben Tag
buchte ich das Ticket **zurück in den Iran**.

Ende des Kapitels

13

Die Waffe und das Schweigen

Ich kam aus dem Iran zurück
wie ein Mann, der eine Entscheidung getroffen hat –
aber sie nicht durchsetzen konnte.
Ich hatte geliebt. Ich hatte gehofft. Ich hatte gekämpft.
Und verloren.
Jetzt war ich zurück im Haus meiner Mutter.
Im alten Leben.
In der alten Luft.
Und alles fühlte sich enger an als je zuvor.
Sie sprachen nicht über die Scheidung.
Nicht über die Frau im Iran.
Nicht über mich.
Aber sie sprachen – hinter verschlossenen Türen.
Flüsternd.
Planend.
Ich fühlte es.
Wie ein Tier spürt, dass ein Gewitter kommt,
lange bevor es donnert.
Meine Mutter wurde ruhig.

Zu ruhig.
Nicht versöhnlich –
strategisch.
Sie sagte, sie sei krank.
Sie weinte nicht.
Sie blickte einfach zur Wand,
als wollte sie mich durch Schweigen erziehen.
Und dann... kam der Vorschlag wieder.
Diesmal nicht laut.
Nicht als Forderung.
Nur als sanftes:
„Du brauchst eine Frau, die zu uns passt."
Ich war in einem Haus voller Familienmitglieder –
aber **ich war allein.**
Ich stand auf dem Balkon und rauchte.
Stundenlang.
Ich aß kaum.
Ich sprach kaum.
Ich hörte wieder das alte Nawha –
diese Trauergesänge,
die wie Nebel durch die Wände krochen.
Und irgendwann...
war ich wieder an der Grenze.
Nicht zwischen Ländern –
sondern zwischen Gedanken,
zwischen Ich und Nicht-Ich.
Ich hatte eine Waffe.
Nicht aus Wut.
Nicht aus Stolz.
Sondern weil 2003 der Staat zerfallen war
und jeder, der eine Familie hatte,

sich etwas zulegen musste.

Ein Kalaschnikow. Alt, aber funktionierend.

Versteckt.

Keiner wusste davon.

Ich habe es nicht geplant.

Ich wollte niemanden erschrecken.

Ich wollte kein Zeichen setzen.

Ich brauchte nur eins: Entladung.

Ich ging nach draußen.

Nahm die Waffe, die ich seit Jahren versteckt hatte.

Spürte ihr Gewicht. Ihr Alter. Ihre Geschichte.

Und ich richtete sie in den Himmel.

Nicht auf Menschen.

Nicht aus Hass.

Nur in den Himmel.

Das Leerste, was ich finden konnte.

Dann drückte ich ab.

Einmal.

Zweimal.

Zwei Schüsse zerrissen die Stille.

Nicht wie in einem Krieg.

Eher wie ein Schrei,

den keiner hören will.

Ich ging wieder ins Haus.

Verstaute die Waffe.

Setzte mich hin.

Ich war nicht stolz.

Nicht erschrocken.

Ich war einfach nur... still.

Zum ersten Mal seit Monaten fühlte ich nichts.

Am nächsten Tag kam das Schweigen nicht mehr aus meiner Familie

–

es kam von der Straße.

Ein Auto hielt.

Vier Männer stiegen aus.

Zivilkleidung. Keine Uniform.

Aber ihre Art zu stehen sagte:

„Wir gehören nicht zu deinem Alltag.“

Sie drangen in das Haus ein.

Keine Worte.

Nur Bewegung.

Zwei von ihnen schlugen mich –

mit der flachen Hand, mit der Faust.

Sie fesselten meine Hände.

Verbanden meine Augen.

Dann stießen sie mich in das Auto.

Kurz bevor sie mich hineinwarfen,

rutschte das Tuch, das meine Augen verdecken sollte, von meinem Gesicht.

Nur für einen Moment sah ich es:

ein GXR. Groß. Schwer. Schnell.

Als es losfuhr, quietschten die Reifen über den Asphalt –

als hätte jemand die Welt unter den Füßen verloren.

Und ich war weg.

Ende des Kapitels

14

Die Nacht, in der sie den Körper brachen

Sie hatten es nicht eilig.
Das ist das Erste, woran ich mich erinnere.
Sie hatten keine Angst, gesehen zu werden.
Sie trugen keine Masken.
Sie bewegten sich wie Männer,
die nicht dem Gesetz unterstehen,
sondern darüber stehen.
Der GXR rollte leise.
Glitt durch Nachbarschaften, die ich nicht sehen konnte.
Alle paar Blocks – ein Halt.
Die Tür öffnete sich.
Hände zogen mich hinaus.
Sie schlugen mich.
Stießen mich gegen eine Wand.
Dann warfen sie mich zurück hinein.
Kein Grund. Keine Frage.
Nur Rhythmus.
Wie ein Ritual.
An einer Station schlugen sie nicht.

Sie zerrissen mein Hemd.
Ich hörte Handschuhe schnappen.
Fühlte etwas Kaltes an meinem Arm.
Eine Nadel.
Sie nahmen Blut.
Ein Krankenhaus?
Eine Klinik?
Ich werde es nie wissen.
Niemand sagte ein Wort.
Dann fuhr das Auto weiter.
Nicht schnell.
Nur bestimmt.
Als wüsste es genau, wohin es fuhr —
und wie lange ich halten würde.
Schließlich hielt die Fahrt endgültig an.
Aber die Angst nicht.
Der Boden unter meinen Füßen veränderte sich.
Kein Kies mehr.
Kein Asphalt.
Fliesen.
Drinnen.
Institutionell.
Ich hörte Türen.
Schritte.
Ein Telefon, das in einem anderen Raum klingelte.
Das war nicht mehr die Straße.
Das war innen.
Irgendwo zwischen Revier und Schlachthof.
Dann begann die eigentliche Prügelei.
Einer packte mich.
Ein anderer trat — hart, seitlich —

schleuderte mich weg.
Bevor ich Luft holen konnte,
kam der Nächste von links —
eine Ohrfeige, ein Schlag, eine Faust.
Drei.
Vielleicht vier.
Sie schlugen nicht aus Wut.
Sie schlugen, als wäre es ihr Job.
Und einer mehr —
rührte mich nicht an.
Beobachtete nur.
Gab Befehle.
Er war der Verantwortliche.
Seine Stimme erhob sich nicht.
Er sagte nur:
„Bringt ihn hier."
„Dort drüben."
„Noch mal."
Und sie gehorchten.
Ich weiß nicht, wie lange es dauerte.
Die Zeit zerfiel in der Dunkelheit.
Nur die Einschläge blieben.
Schmerz wie Donner —
willkürlich, aber nie überraschend.
Als sie fertig waren,
sperrten sie mich nicht direkt ein.
Nicht sofort.
Sie warfen mich in eine kleine Zelle —
direkt vor der großen, in der die anderen waren.
Ich konnte sie hören.
Dutzende Männer.

Husten.
Schritte.
Schweigen.
Ich war noch nicht einer von ihnen.
Nicht offiziell.
Dieser Ort war kein Gefängnis.
Er war das Wartezimmer zu etwas Schlimmerem.
Sie nannten ihn:
Abteilung für Verbrechensbekämpfung.
Einer von ihnen kam zur Gittertür.
„Komm her“, flüsterte er.
„Ich helf dir.“
Ich wusste nicht, wer sie waren —
Mitgefangene? Täter? Schatten?
Er streckte den Finger durch den Spalt.
Zog vorsichtig an dem Stoff über meinen Augen.
Es war locker.
Ich sah ein kleines Stück —
erst unten, dann oben —
bis es schließlich ganz fiel.
Zum ersten Mal seit Stunden sah ich wieder Licht.
Nicht viel.
Aber **genug, um zu wissen:**
Ich war nicht allein.

Ende des Kapitels

15

Der Tag, an dem ich zu spät freikam

Ich war nicht der Erste, der in dieser kleinen Zelle erwachte.
Aber ich war der Einzige, der sich weigerte, still zu bleiben.
Als ich verstand, wo ich war — was sie mir angetan hatten — **schrie ich.**
Nicht aus Angst.
Nicht aus Verzweiflung.
Sondern weil ich wusste, dass sie meine Stimme nicht wollten.
Ich riss das Tuch von meinen Augen,
befreite meine Beine aus dem Seil.
Die Hände waren noch gefesselt,
aber das reichte.
Ich trat gegen die Stahltür,
bis sie bebte.
Ich beschimpfte sie.
Ihren Gott. Ihre Imame.
Ich fluchte so laut,
dass die ganze Abteilung wach wurde.
Die Gefangenen lachten.
Die Beamten fluchten zurück.

Einer richtete eine Waffe auf mich —
doch ich trat gegen die Tür,
als wäre ich aus Stahl gemacht.
In dieser Nacht schlief niemand.
Nicht einmal ich.
Dann kamen neue Schläge.
Wieder Handschellen.
Wieder Tritte.
Sie verschleppten mich
durch Büros, durch Flure, durch endlose Gänge.
Immer wieder die Frage:
"Sag uns, was du getan hast."
Ich sagte nichts.
Sie antworteten mit Fäusten.
Sie wollten, dass ich sage,
ich hätte geschossen.
Dass ich unter Drogen stand.
Dass ich auf der Straße randaliert hätte.
Ich sagte nichts.
Nach Tagen der Schikane
stand ich endlich vor dem Untersuchungsrichter.
Ich sprach.
Ruhig. Klar.
Aber meine Aussagen
passten nicht zu dem,
was in meinem Protokoll stand.
Denn **meine Aussagen wurden ihnen aus den Fäusten geprügelt,
nicht aus meinem Mund.**
Dann kam die große Zelle.
Fünfzig Männer.
Betonwände.

Kein Platz zum Liegen,
kaum Luft zum Atmen.
Einige beteten.
Andere weinten.
Die meisten —
starrten nur.
Ich war einer von ihnen.
Aber ich war auch anders.
Meine Familie kam oft zu Besuch.
Zu oft, sagten die Wärter.
Also verlegten sie mich.
Tiefer. Weiter weg.
Ein Ort ohne Namen.
Kein Fenster. Kein Kalender.
Dann kam das nächste Gefängnis.
Eine Woche.
Dann wieder ein Richter.
Er sagte:
“Was du getan hast, war kein Verbrechen.
Nur Fehlverhalten.”
Ein Jahr Haft.
Auf Bewährung.
Ich wäre frei.
Ich konnte es kaum glauben.
Zurück zur Polizeistation.
In eine kleine Zelle.
Ein letztes Warten.
Ich bat den Beamten um einen Nagelknipser.
Ich wollte sauber sein,
wenn ich nach Hause gehe.
Es war gegen Morgengrauen.

Ich erinnerte mich an meine Großmutter:
**“Schneide dir nie nachts die Nägel.
Es bringt Unglück.”**
Ich glaubte nicht daran.
Aber ich erinnerte mich.
Und ich liebte sie.
Dann rief jemand meinen Namen.
Ich dachte:
Das ist es.
Ich sah das Licht
durch den Spalt in der Zellentür.
Ich hörte Stimmen,
die klangen wie Freiheit.
Ein Beamter sagte:
„Wir müssen nur noch schnell telefonieren.
Nur eine Bestätigung.“
Ein paar Minuten, dachte ich.
Doch dann kam der Befehl:
“Er muss zur Anti-Drogen-Abteilung.”
Dort, wo fünfzig Männer
in einem Raum lebten,
der nicht für zehn gebaut war.
**Ich war fast frei gewesen.
Ich konnte den Wind spüren.
Die Luft da draußen
schien schon frischer zu riechen.**
Aber ich ging nicht.
Ich blieb.
Und meine Großmutter —
sie wartete nicht mehr.

Ende des Kapitels

16

Virtuell werden

Es gab keinen Abschied.
Kein Zusammenbruch.
Kein Therapeut.
Kein Anruf, der alles veränderte.
Nur Stille.
Langsam.
Kriechend.
Dick wie Rauch.
Ich hörte auf, Freunden zu antworten.
Hörte auf, rauszugehen.
Hörte auf, so zu tun, als wäre alles normal.
Ich blieb in meinem Zimmer.
Ich ging ins Fitnessstudio, ja —
aber das war nur Bewegung.
Keine Präsenz.
Die restliche Zeit saß ich da.
Rauchend.
Starrte auf die Wand,
als würde sie vielleicht irgendwann aufbrechen

und mir alles erklären.
Was war der Sinn dieses Lebens?
Warum bin ich hier?
Warum Schmerz?
Warum Tod?
Warum diese Kultur, dieser Krieg, diese Mutter, dieser Name?
Ich weinte nicht.
Ich schrie nicht.
Ich... verblasste einfach.
Nicht körperlich.
Aber wie eine Kerze,
die flackert,
bevor sie in der Dunkelheit verschwindet.
Eines Tages schlug mir Facebook eine Seite vor.
Sie verspottete den Islam.
Nicht sanft.
Hart.
Schneidend.
Eiskalt.
Ich kommentierte nichts.
Ich klickte nicht weg.
Ich... beobachtete.
Und Facebook merkte es.
Mehr Seiten tauchten auf.
Mehr Beiträge.
Mehr Spott.
Mehr Ketzerei.
Und langsam –
als hätte sich mein Gehirn auf eine neue Frequenz eingestellt –
spürte ich etwas,
das ich lange nicht mehr gefühlt hatte:

Erlaubnis.

Keine Zustimmung.

Keine Identität.

Nur… Erlaubnis, zu denken.

Ich wusste nicht mal, was ein „Atheist“ ist.

Aber die Logik machte Sinn.

Die Argumente trafen tiefer als jede Predigt.

Ich verteidigte nicht.

Ich widersprach nicht.

Ich mischte mich nicht ein.

Ich beobachtete.

Fünf Monate lang.

Fünf Monate Stille –

aber kein Schlaf.

Ich las jeden Beitrag.

Jeden Kommentar-Krieg.

Jedes Meme.

Jedes philosophische Zitat.

Bis ich eines Tages begriff:

Es geht nicht mehr darum, Antworten zu finden.

Ich habe sie längst.

Was mir fehlte, war Mut.

Der Mut, es zuzugeben –

nicht der Welt,

nicht meiner Familie –

nur mir selbst:

„Ich bin kein Muslim mehr.“

Es dauerte keine Minute.

Ich saß im selben Zimmer.

Dieselbe Zigarette zwischen den Fingern.

Ich schloss die Augen.

Und flüsterte es nur für mich.
Ich hatte keine Angst.
Ich war nicht stolz.
Ich war einfach… **still.**
Dann kam ein anderer Gedanke.
Ein leiserer.
Einer, den ich bis heute nicht ganz beantworten kann:
„Vielleicht gibt es einen Schöpfer des Universums."
„Aber er spricht sicher kein Arabisch.
Und er interessiert sich ganz bestimmt nicht für Kopftücher."
Von diesem Tag an war ich jemand anderes.
Jemand, für den ich noch kein Wort hatte.
Agnostiker.
Allein.
Aber lebendig.
Mein Körper blieb im Irak.
Aber mein Geist?
Der war längst online.
Und kam nie wirklich zurück.

Endes des Kapitels

17

Ein Gesicht für das, wovor sie sich fürchten

Alle anderen versteckten sich hinter Bildschirmen.
Sie mussten es.
Falsche Namen.
Zweitaccounts.
Geheime Gruppen.
Ich nicht.
Ich benutzte meinen echten Namen.
Mein echtes Foto.
Und ich postete aus Nadschaf.
Die Leute glaubten, Atheismus sei ein westliches Virus.
Dass er aus Europa kam. Aus Amerika.
Dass er von Zionisten gesät wurde, von Freimaurern,
von ausländischen Geheimdiensten.
Ein Projekt der CIA,
das den Osten von innen heraus zersetzen soll.
Für sie waren wir keine Menschen.
Wir waren Ideen.
Bedrohungen ohne Gesicht.
Agenten. Bots. Schatten.

Also gab ich ihnen ein Gesicht.
Meines.
Ich wollte kein Märtyrer sein.
Ich wollte ihnen nur etwas Einfaches sagen:
„Atheisten fallen nicht vom Himmel.
Sie wachsen aus eurem Boden."
Ich bin nicht im Westen aufgewachsen.
Ich habe nicht in Frankreich studiert.
Ich habe Nietzsche nicht auf Englisch gelesen.
Ich bin im Irak geboren.
Aufgewachsen auf den Straßen von Nadschaf –
einer Stadt, die nach Weihrauch und Autorität riecht.
Ich kam aus dem Herzen dessen,
was sie für unerschütterlich hielten.
Und ich zerbrach.
Nicht, weil ich meine Kultur hasste.
Sondern weil ich Wahrheit mehr liebte als Angst.
Ich schrieb nicht für Aufmerksamkeit.
Ich schrieb, um zu atmen.
Jeder Post war ein Riss in der Wand.
Jeder Artikel, den ich teilte,
war ein kleiner Aufstand.
Ich zitierte Wissenschaft.
Logik.
Poesie.
Ich stellte Verse infrage.
Ich stellte Fragen, die keiner hören wollte.
Und langsam, ganz leise, kamen die Menschen.
Manche drohten.
Andere dankten.
Aber die, die schwiegen –

für sie schrieb ich.
Die, die im Stillen zusahen.
Die, die zweifelten.
Die, die nicht reden konnten –
aber jemanden brauchten,
der es tat.
Mein Postfach füllte sich mit Schatten.
„Ich bin in Kerbela."
„Ich bin eine Frau – ich darf das nicht laut sagen."
„Ich bin verheiratet, habe Kinder,
aber den Glauben schon vor Jahren verloren."
Ich konnte nicht allen antworten.
Aber ich las jede Nachricht.
Denn ich wusste, was es bedeutete:
Wenn ich falle, wird jemand anderes aufstehen.
Darum ging es. Wirklich.
Sie sagten:
„Der Atheismus ist eine Waffe des Westens."
Ich sagte:
„Nein. Er ist eine menschliche Wahrheit."
Sie sagten:
„Du willst die Religion zerstören."
Ich sagte:
„Ich versuche, sie zu überleben."
Sie sagten:
„Das ist Gotteslästerung."
Ich sagte:
„Das ist Entwicklung."
Ich benutzte keinen falschen Namen.
Denn ich wollte, dass sie wissen:
Atheismus hat einen irakischen Akzent.

Er riecht nach Staub und Tee.
Er wuchs neben euren Schreinen auf.
Er spricht euren Dialekt.
Er ist nicht fremd.
Er ist nicht importiert.
Er ist unter euch geboren.
Und er wird nicht verschwinden.

Ende des Kapitels

18

Sie kannten mein Gesicht

Eines Tages nach dem Training
sagte mir jemand im Fitnessstudio,
dass drei Männer nach mir gefragt hätten.
Ich dachte mir nicht viel dabei.
Einfach ein paar Leute.
Neugierig.
Vielleicht Fans.
Vielleicht Kritiker.
Ich ging die Treppe hinunter.
Draußen war es dunkel.
Keine Autos.
Nur Schatten.
Drei Männer.
Stehend.
Regungslos.
Sie begrüßten mich,
als würden sie mich kennen.
„Wir wissen, wer du bist", sagte einer.
„Wir kennen dein Facebook. Deine Gruppen. Deine Worte."

Dann kam die Drohung:
„Lösch alles.
Jede Seite, jeden Beitrag, jede Gruppe.
Behalte deinen Atheismus für dich.
Oder beim nächsten Mal…
schneiden wir dich in Stücke
und werfen dich den Hunden vor.“
Ich erstarrte.
Nicht wie ein verängstigtes Kind —
sondern wie jemand,
dessen ganzes Blut plötzlich stehen bleibt.
Ich nickte.
Sagte, ich würde es tun.
Sie gingen.
Ich ging nicht zurück ins Studio.
Ich nahm meine Tasche
und lief nach Hause,
ohne meine Beine zu spüren.
Meine Hände zitterten nicht —
weil ich sie nicht mehr fühlte.
Mein Herz schlug gegen meinen Brustkorb,
als wollte es ausbrechen.
Ich kam nach Hause.
Schloss ab.
Kippte auf den Boden.
In dieser Nacht schlief ich nicht.
Ich aß nichts.
Ich weinte nicht einmal.
Ich starrte einfach nur an die Decke –
und fragte mich,
wie ein Land so still sein kann

über seine eigenen Monster.
Mir wurde klar:
Niemand würde mir helfen.
Nicht die Polizei.
Nicht der Staat.
Nicht das System.
Nicht einmal Gott —
vor allem nicht er.
Denn im Irak lebt das Gesetz nicht im Gericht.
Es lebt in Stammesregeln und Milizdrohungen.
Es lebt im Schweigen nach einem Mord.
Ich ging nie wieder in dieses Fitnessstudio.
Ich öffnete diese Gruppen nie wieder unter derselben IP.
Zwei Wochen später
verließ ich den Irak in Richtung Türkei.
Und das war das letzte Mal,
dass ich unter einem irakischen Himmel stand,
ohne mich zu fragen,
ob eine Kugel schon unterwegs war,
mich zu treffen.

Ende des Kapitels

19

Die Grenze war keine Linie – sie war ein Labyrinth

Ich blieb nicht lange in der Türkei.
Sie war kein Ziel.
Sie war ein Durchgang.
Ein Warteraum zwischen einer Gefahr und der nächsten.
In der Nacht, in der wir uns versammelten, war der Boden leer.
Kein Feld. Kein Wald.
Nur eine vergessene Ecke von Izmir, wo noch keine Gebäude standen.
Dort kam der Lastwagen.
Er war nicht für Menschen gedacht.
Sondern für Pferde.
Wir quetschten uns hinein – Syrer, Iraker, Afghanen.
Keine Namen. Nur Flüstern.
Kein Ziel.
Nur das Versprechen: „Bald."
Die Fahrt dauerte Stunden.
Keine Fenster.
Keine Luft.
Kein Gefühl für Richtung.

Als die Türen sich öffneten,
waren wir irgendwo zwischen Hügeln und Meer –
noch immer in Izmir,
aber nah genug,
um die Lichter von Lesvos auf der anderen Seite des Wassers blinken zu sehen.
Es gab keinen Strand.
Nur Hänge.
Erde.
Bäume.
Und zwei Schlauchboote.
Sie waren nicht bereit.
Wir trugen sie – zwei Boote und zwei Motoren – über die Hügel.
Vielleicht 500 Meter. Vielleicht mehr.
Schwer. Nass. Rutschig. Still.
Einer der Männer flüsterte mir zu:
„Ich habe Angst."
Sein Bruder hatte mir zuvor gesagt,
dass er manchmal Dinge vergisst.
Krankheit, vielleicht.
Ich sagte:
„Keine Sorge. Wir schaffen das."
In dieser Nacht rannten Schweine an mir vorbei,
während ich im Dunkeln urinierte.
Ich dachte, wir würden angegriffen.
Aber sie verschwanden wie Geister zwischen den Bäumen.
Die Schmuggler kämpften damit,
die Boote zusammenzusetzen.
Etwas stimmte nicht.
Dann kam die Nachricht:
„Die Motoren sind kaputt."

Wir warteten.
Einen Tag.
Dann noch einen.
Sie brachten Essen – gerade genug, um den Magen ruhig zu halten.
Nicht genug, um den Zorn zu besänftigen.
Schließlich kamen die neuen Motoren.
Aber auch die Hubschrauber.
Zuerst kam das Geräusch.
Dann der Lichtstrahl –
schnitt durch die Dunkelheit wie ein Messer durch Atem.
Wir versuchten, die Boote zu verstecken.
Einige erstarrten.
Einige rannten.
Ich drückte mich in den Boden.
Der Scheinwerfer kreiste über uns.
Ich spürte den Wind der Rotoren –
und das Gewicht der Stille danach.
Sie blieben fast eine Stunde lang über uns.
Dann kam der Morgen.
Und mit ihm: die türkische Gendarmerie.
Keine Schläge.
Keine Waffen.
Nur Bürokratie.
Wir wurden mitgenommen.
Fingerabdrücke.
Medizinische Checks.
Unterschriften auf Formularen, die niemand las.
Dann – zurück nach Izmir.
Freigelassen auf der Straße.
Keine Papiere.
Keine Richtung.

Nur: „Geh.“
Danach gab es noch einen gescheiterten Versuch –
nicht einmal Tinte wert.
Nur mehr Warten.
Mehr Verstecken.
Mehr Scheitern.
Dann kam die Landroute.
Ich wurde einem Syrer zugeteilt,
der früher in Griechenland gelebt hatte.
Er kannte den Weg.
Er sprach die Sprache.
Ich mochte ihn nicht.
Er hatte keine Moral – nur Kalkulationen.
Aber ich brauchte einen Weg nach vorn.
Wir liefen.
Durch Schlamm.
Durch Mücken, die sich nicht für Spray interessierten.
Wir überquerten einen Fluss mit einem Schlauchboot –
hätten es nicht gebraucht,
das Wasser war flach.
Aber Angst macht übervorsichtig.
Dann – Boden.
Griechenland.
Europa.
Aber es fühlte sich nicht an wie Ankunft.
Es fühlte sich an wie ein Einbruch.
Wir liefen.
Stundenlang.
Dann einen Tag.
Dann noch einen.
Bis unsere Beine zu schreien begannen.

Mittags brachen wir unter Bäumen zusammen.
Da kamen sie.
Männer in Uniform.
Eine Sprache, die ich nicht verstand.
Sie traten uns wach.
Nahmen unsere Taschen.
Unsere Handys.
Sie verbrannten alles –
außer dem Geld.
Das gaben sie uns zurück.
Einige Männer wurden geschlagen.
Hart.
Wir wurden in eine Station gebracht.
Kein Essen, außer man kaufte es selbst.
Nur ein Snackautomat hinter einer Glasscheibe.
Zwei Tage später kamen maskierte Männer.
Groß. Bewaffnet.
Sie steckten uns in Lieferwagen,
Gewehre auf unsere Köpfe gerichtet.
„Nicht sprechen. Nicht bewegen."
Sie fuhren uns zum Fluss.
Luden uns in Gruppen auf ein Boot.
Stießen uns zurück in die Türkei.
Am Ende gaben sie uns die Tasche mit den Handys zurück –
aber in dem Chaos stahl jemand mehrere Geräte und rannte davon.
Da sahen wir wieder türkische Soldaten.
Wir waren zurück am Anfang.
Eine Woche später war ich in Istanbul.
Meine Füße geschwollen.
Mein Gesicht zerstochen.
Mein Körper brach zusammen –

aber ich bewegte mich weiter.
Ich zahlte einem Anwalt für ein neues Dokument –
irgendetwas, das mir erlaubte, weiterzureisen.
Dann kam der letzte Plan.
Antalya.
Wir gingen an Bord einer Touristenyacht,
gaben uns als Urlauber aus.
Sie setzten uns auf einer felsigen Insel
zwischen Türkei und Griechenland ab.
In der Nacht kam ein Fischer.
Als ich versuchte, vom Felsen in das Boot zu steigen,
rutschte ich aus —
mein halber Körper landete im Ägäischen Meer.
Der Syrer packte meinen Arm.
Nicht aus Freundschaft.
Nur aus Kalkül.
Für ihn war ich ein Geldbeutel mit Beinen.
Und diesmal – **klappte es.**
Wir landeten auf einer griechischen Insel.
Versuchten, auf die große Fähre nach Athen zu kommen.
Gescheitert.
Die Polizei erwischte uns.
Aber das Gefängnis hatte keine Gitter.
Die Insel keine echten Straßen.
Also durften wir ein Zimmer mieten.
Als wäre das Freiheit.
So kam ich an.
Nicht mit Visum.
Nicht mit Koffer.
Mit blutigen Füßen.
Mit drei gestohlenen Handys.

Mit verlorenem Laptop und Festplatte – alle meine Erinnerungen weg.

Mit 10.000 Dollar,

die ich an Schmuggler, Hoffnung und Bestechung verlor.

Aber ich kam an.

Nicht als Gast.

Nicht als Tourist.

Sondern als jemand,

der sich geweigert hat, unterzugehen.

Ende des Kapitels

Das Ende?

Er hat es geschafft.
Er hat das Wasser überquert.
Er hat das Land geküsst.
Er hat Luft geatmet, die keine Angst kannte.
Die meisten Geschichten enden hier.
Freiheit.
Ankunft.
Ein Mensch, neu geboren.
Aber nicht diese Geschichte.
Diese Geschichte schließt nicht – sie entfaltet sich.
Nicht mit einem Ende – sondern mit einer Frage.

Blättere um.

20

Die Insel, die mich festhielt

Freiheit begann für mich nicht in Griechenland.
Sie begann mit einem Kai, mit Schweigen,
und mit keinem Weg hinaus.
Wir landeten auf einer kleinen Insel —
nur ich und der syrische Mann.
Wir versuchten, auf die Fähre nach Athen zu gelangen.
Es funktionierte nicht.
Wir waren keine Flüchtigen.
Aber auch nicht frei.
Die Insel war zu klein, um zu fliehen,
zu abgelegen, um zu verschwinden.
Also ließ man uns bleiben.
Nicht im Gefängnis —
in der Warteschleife.
Eine alte Frau hatte ein Haus.
Sie vermietete uns ein Zimmer.
Das war unser Gefängnis mit Vorhängen.
Unsere Handys wurden abgenommen.
Unsere Namen notiert.

Das Meer hinter uns.
Die Frage nach dem „Was jetzt?“ vor uns.
Dann kamen mehr Boote.
Zehn Leute.
Zwanzig.
Fünfzig.
Die Insel blähte sich auf
wie eine Lunge, die den Atem anhält.
Nach zehn Tagen buchten sie uns auf die Fähre.
Zivilbeamte begleiteten uns.
Keine Ketten.
Aber auch kein Vertrauen.
Ziel: **Rhodos.**
Dort sahen wir das Innere eines echten Gefängnisses.
Eine Woche.
Nicht ewig —
aber lang genug, um die Wände zu spüren.
Um zu hören, wie Wärter schreien,
ohne dich anzusehen.
Um zu lernen,
dass selbst Inseln Gitter haben können.
Es gab ein Münztelefon im Gefängnis.
Man konnte Guthaben kaufen.
Ich tat es.
Ich rief **Maryam Namazie** an.
Ich bat nicht um Hilfe.
Ich wollte nur,
dass jemand wusste,
dass ich existiere.
Sie stellte keine Fragen.
Sie hörte einfach zu.

Dann kam der Transfer.
Kos.
Dort lernte ich ein neues Wort:
Hotspot.
Es bedeutete keine Wärme.
Es bedeutete ein Lager,
in dem Bewegung **Erlaubnis** war — kein Recht.
In dem die Luft frei war,
aber nicht die Zeit.
Es gab zwei Seiten:
offen
und geschlossen.
Man brachte uns auf die geschlossene.
Zäune.
Caravans.
Ausgang nur mit Erlaubnis.
Unsere Telefone — wieder weg.
Und sie sagten:
“Du musst Asyl beantragen.
Oder zurückgehen.
In die Türkei. Oder schlimmer.”
Ich sagte Ja.
Nicht, weil ich daran glaubte —
sondern weil ich keine andere Option hatte.

Ende des Kapitels

21

Das Hotspot

K**os war eine Insel.**
Aber es fühlte sich an wie ein Kontrollpunkt.
Die Luft war klarer.
Der Himmel weiter.
Aber die Zäune waren höher.
Sie nannten es ein Camp.
Sie sagten „offen“.
Aber sie brachten uns auf die geschlossene Seite —
Metalltore, bewaffnete Wachen,
Wohncontainer aufgereiht wie Särge.
Die Handys wurden uns wieder abgenommen.
Drinnen klebte die Kälte an unserer Haut wie eine Strafe.
Es war Winter.
Kein heißes Wasser.
Keine echte Heizung.
Nur Decken und Atem.
Jeden Tag durften wir für ein paar Stunden raus.
Das war der Deal.
Keine Freiheit — **ein Zeitfenster.**

Ich fand Freunde.
Christliche Männer aus Syrien.
Wir teilten Essen.
Geschichten.
Schweigen.
Wir sprachen über Gott
wie über jemanden, den wir einmal kannten —
jemanden, der gegangen war,
ohne etwas zu sagen.
Einer von ihnen war krank.
Er wurde plötzlich blass,
brach zusammen, hustete Blut.
Magen? Lunge?
Wir wussten es nicht.
Wir riefen um Hilfe.
Manchmal kam ein Krankenwagen.
Manchmal zogen sie ihn einfach weg.
Harte Hände, scharfe Worte.
Als würde er seine Krankheit nur vortäuschen,
um herauszukommen.
Eines Nachts war es schlimmer.
Wir hämmerten an die Tore.
Die Wächter kamen –
nicht besorgt, sondern wütend.
Sie schleppten ihn wie Gepäck.
Ließen uns stehen –
bestraft dafür, dass wir uns sorgten.
Dann kam der Streit.
Jemand hatte es herumgesprochen.
Dass ich Atheist bin.
Ein Mann – ein Fremder – rastete aus.

Er schrie.
Drohte.
Kam auf mich zu.
Andere griffen ein.
Es kam nicht zur Gewalt.
Aber ich verstand die Botschaft:
Selbst im Käfig
gibt es Wahrheiten,
die gefährlicher sind als Waffen.
Irgendwann wurden wir in das offene Camp verlegt.
Aber ich wusste:
Ich kann dort nicht bleiben.
Ich und die christlichen Freunde –
wir hatten genug gesehen.
Wir sammelten unser Geld zusammen.
Mieteten ein Hotelzimmer in der Stadt.
Alt. Kahl.
Aber sicherer als die Parolen hinter dem Zaun.
Dort, in diesem Zimmer,
bekam ich mein Handy zurück.
Und rief **Maryam Namazie** an.
Ich bat nicht um Hilfe.
Ich wollte nur,
dass jemand weiß,
dass ich existiere.
Sie antwortete.
Keine Fragen.
Keine Pause.
Einfach nur da.
Später erfuhr ich,
dass sie schon lange für mich gesprochen hatte.

Schon kampagnisiert hatte.
Schon Lärm gemacht hatte.
Ich war nicht vergessen.
Dort, in diesem Raum,
traf ich eine Entscheidung:
Ich werde dem Gesetz folgen.
Keine falschen Ausweise.
Keine geschmuggelten Wege.
Keine Lügen.
Kein Davonlaufen.
Nur warten.
Und hoffen, dass das System irgendwann antwortet.
Andere fanden andere Wege.
Der Syrer –
er täuschte einen medizinischen Notfall vor.
Bekam eine Überweisung nach Athen.
Verschwand in den Niederlanden.
Die christlichen Freunde –
sie schafften es nach Schweden.
Ich blieb.
In dieser Zeit wurde ich für den Titel
Atheist of the Year nominiert.
Ich konnte nicht teilnehmen –
ich hatte keinen Pass.
Aber die Nachricht erreichte mich.
Und für einen Moment fühlte ich mich gesehen.
Dann meldete sich eine Solidaritätsgruppe in Kos.
Sie gaben mir eine Bühne.
Ein Mikrofon.
Einen Moment.
Und ich sprach.

Nicht nur Worte —
sondern Atem,
den ich jahrelang angehalten hatte.
Ich sprach über Zweifel.
Über das Verlassen des Glaubens.
Darüber,
was es kostet, ehrlich zu sein.
Es war das erste Mal,
dass ich öffentlich als Ex-Muslim sprach.
Das erste Mal,
dass ich meine Stimme hörte —
nicht aus Angst,
sondern aus Freiheit.
Sie machten Fotos.
Aber kein Video.
Sie sagten, es werde noch bearbeitet.
Ich habe es nie gesehen.
Vielleicht war ich zu ehrlich.
Vielleicht passte ich nicht in ihr Bild
vom „richtigen Flüchtling."
Dann, endlich – wurde mein Asylantrag genehmigt.
Papier.
Status.
Ein rechtliches „Ja".
Und das bedeutete eines:
Ich durfte endlich die Fähre nach Athen besteigen.
Aber die Gefahr verschwand nicht mit den Papieren.
Nicht, wenn die Bedrohung dieselbe Sprache spricht.
Nicht, wenn der Glaube noch immer das Messer hält.
Trotzdem –
es war etwas.

Und dort endet dieses Kapitel.

22

Athen – Nach dem „Ja“

Man wartet so lange auf ein „Ja“,
dass man vergisst: Es kommt ohne Karte.
Ich verließ Kos mit Papieren in der Hand,
aber ohne Plan in der Tasche.
Keine Willkommensgruppen.
Keine Wegweiser.
Nur ein Fährticket
und der Name einer Stadt:
Athen.
Ich kam im Winter an.
Wir waren zu viert in einer kleinen Wohnung.
Alle Flüchtlinge.
Alle müde.
Alle ohne Antwort auf die Frage: Und jetzt?
Das Viertel war voll von Menschen wie uns –
Iraker, Syrer, Afghanen.
Männer, die versuchten, unauffällig zu bleiben.
Frauen, die sich nicht blicken lassen wollten.
Kinder, die so taten, als wäre das hier normales Leben.

Manche Familien hatten nicht einmal Wohnungen –
sie wurden in Schulgebäuden untergebracht,
weil es keine anderen Optionen gab.
Keine Unterkünfte.
Keine Apartments.
Nur leere Klassenzimmer,
umgewandelt in Notunterkünfte.
Einige versuchten zu arbeiten –
als Tellerwäscher, Lieferfahrer, Putzkräfte.
Aber nichts davon hielt lange.
Einer meiner Mitbewohner arbeitete einen Monat lang in einer Küche.
Dann sagten sie ihm plötzlich:
„Wir kennen dich nicht.“
Kein Lohn. Kein Abschied.
Ich blieb.
Ich war müde vom Weiterziehen.
Ich hielt den Kopf unten.
Sprach leise.
In diesem Teil von Athen
brauchte die Polizei keinen Grund.
Nur einen Verdacht –
oder ein Gesicht, das „ausländisch“ aussah.
Sie schrien.
Durchsuchten.
Namen spielten keine Rolle.
Nicht wegen Verbrechen.
Nur wegen Existenz.
Ich hielt mich aus allem raus.
Aber der Lärm in meinem Kopf blieb.
Und die Drohungen auch.
Online-Nachrichten –

manche aus dem Irak,
manche direkt aus Athen.
Und sie sagten alle dasselbe:
Wir wissen, wer du bist.
Und in einem Viertel voller Flüchtlinge
war es nicht schwer, jemanden wie mich zu finden.
Ich musste klein bleiben.
Unsichtbar.
Dann konnte meine Familie mich nicht mehr unterstützen.
Ihre Hilfe hatte Grenzen.
Genau wie das System.
Plötzlich war ich nur noch eine Miete vom Boden entfernt.
So wie die anderen,
an denen ich jeden Tag vorbeilief.
Griechen, Geflüchtete – das spielte keine Rolle.
Wenn du fällst,
fühlt sich jeder Bürgersteig gleich an.
Ich suchte Hilfe.
Ich ging zu den NGO-Büros.
Sie gaben mir Broschüren.
Lächeln. Versprechen.
Aber ihre Programme waren voll –
und Integrationsmaßnahmen gab es nicht.
Nur bestimmte Menschen bekamen Unterstützung:
Alte.
Kranke.
Alleinstehende Mütter.
Nicht ein junger Mann.
Nicht jemand, der zu gesund aussah.
Nicht jemand, dessen Name Diskussionen auslöste.
Aber nicht alles war Schweigen.

Ich erhielt eine Einladung:
ins Europäische Parlament.
Ich stand da.
Ich sprach.
Über Religion.
Über Angst.
Über das Verlassen dessen,
was einen geprägt hatte.
Dann kam **Celebrating Dissent** in Amsterdam –
ein Raum voller Menschen wie ich,
die einst geschwiegen hatten,
nur um zu überleben.
Ich sprach wieder.
Nicht für Applaus.
Nur damit meine Geschichte nicht in mir verrottet.
Aber die Wahrheit ist:
Nichts davon veränderte meinen Alltag.
Ich teilte mir noch immer ein Zimmer.
Zählte Münzen.
Tat so,
als sei alles in Ordnung.
Eines Tages sah ich mir meine Optionen an –
und begriff,
dass ich keine hatte.
Also kaufte ich ein Ticket.
In die Niederlande.
Noch ein Asylantrag.
Noch ein Versuch.
Das Interview war kein Gespräch.
Es war ein Formular.
Ein Skript.

Ein leises „Sag uns, was wir hören wollen.“
Sie wollten nicht meine Geschichte.
Sie wollten eine Version davon,
die in ihre Kästchen passte.
Ich konnte sie nicht liefern.
Abgelehnt.
Und so kam ich –
im Dezember 2019 –
nach Deutschland.
Gerade als auch der nächste Sturm kam.
Kein Krieg.
Kein Gefängnis.
Sondern ein Virus.
Unsichtbar.
Überall.
COVID.

Ende des Kapitels

23

Ein Haus ohne Schlösser

Ich kam in den letzten Tagen des Jahres 2019 nach Deutschland.

Der Kalender sprang auf ein neues Jahr.

Die Welt taumelte in eine neue Krise.

Aber das wusste ich noch nicht.

Ich wusste nur:

Ich hatte einen Namen.

Und jemand hatte ihn nicht vergessen.

Ihr Name war **Worood.**

Wir hatten uns nie getroffen – nicht persönlich.

Aber wir hatten denselben digitalen Krieg geführt.

Ex-Muslime. Irakerin.

Sichtbar, wenn es weh tat.

Sie war schon hier, in Deutschland.

Und sie sagte:

„Komm, bleib bei mir.“

Kein Papierkram.

Keine Bedingungen.

Nur ein Zimmer.

Und eine Tür,

die sich nicht hinter mir verriegelte.
So begann mein Aufenthalt –
nicht in einem Lager,
sondern in einer Küche,
während ich lernte,
deutsche Joghurtsorten auszusprechen.
Dann kam **COVID.**
Die Welt schloss sich.
Grenzen.
Ämter.
Ganze Städte.
Ich blieb wieder drinnen –
nicht aus Angst,
sondern aus globaler Rücksicht.
Zum ersten Mal war Verstecken
kein Zeichen von Scham,
sondern von Solidarität.
Nach anderthalb Monaten war es Zeit, weiterzuziehen.
Nicht aus Zorn.
Nicht aus Undankbarkeit.
Sondern einfach,
weil manche Türen nur für einen Teil des Weges offen bleiben.
Ich verstand das.
Und ging.
Ich stand kurz davor, obdachlos zu werden.
Also griff ich zum Telefon –
und rief **Maryam Namazie** an.
Sie zögerte keine Sekunde.
Sie aktivierte ihr Netzwerk.
Und noch am selben Tag –
dem Tag, an dem ich Woroods Wohnung verließ –

buchte die **Europäische Humanistische Föderation** mir ein Hotelzimmer.

Kein Luxus.

Keine Privatsphäre.

Aber sauber,

sicher,

und direkt am Rhein,

in der Nähe der Kölnmesse.

Ein geteiltes Zimmer.

Groß genug.

Ruhig genug.

Um 22 Uhr checkte ich ein.

Und zum ersten Mal seit Langem

musste ich nicht mehr so tun,

als sei alles okay.

Dann kam — über **Stefan von der Säkularen Flüchtlingshilfe**:

Robert.

Ein Musiker.

Herzlich.

Offen.

Neugierig statt vorsichtig.

Er öffnete sein Zuhause.

Und ich trat ohne Scham ein.

Er gab mir meine erste Deutschstunde —

nur ein kleiner Zettel mit Wörtern.

Ich habe alles wieder vergessen.

Aber ich erinnere mich an das Gefühl:

Jemand nahm sich Zeit für mich.

Er sagte, ich solle jederzeit wiederkommen,

für einen Kaffee,

für ein Gespräch,

einfach so.
Ich blieb.
Hörte zu.
Atmete aus.
Dann kamen **Britta und Martin,**
ihre Tochter **Karlotta**,
und ihre Katze **Emily.**
Sie boten nicht nur ein Dach an.
Sie boten einen Rhythmus.
Ein langsameres Leben,
hinter Wäldern und Bergen.
Sechs Monate Stille.
Sechs Monate so etwas wie Frieden.
Britta brachte mir die ersten Wörter bei,
die geblieben sind:
Bitte. Gute Nacht.
Karlotta tanzte Ballett,
aß kein Fleisch,
und war — auf ihre eigene Art —
eine kleine Hexe.
Mit Umhang,
Zauberbüchern,
und einem schiefen Lächeln,
das zum Glück nie mich in einen Frosch verwandelte.
Martin braute Bier.
Wir tranken es in der Küche.
Sprachen über die Welt.
Stritten sanft.
Lachten leise.
Emily ignorierte mich wochenlang.
Dann, eines Tages,

setzte sie sich neben mich.

Und da wusste ich: Ich gehöre dazu.

Es war kein Märchen.

Keine magische Heilung.

Aber es war menschlich.

Sicher.

Warm.

Und das reichte.

Irgendwann sagte der Anwalt –

ebenfalls von der **Säkularen Flüchtlingshilfe vermittelt –**

dass es so weit war.

„Geh nach Bochum", sagte er.

„Das Asylverfahren muss beginnen."

Ich packte meine Sachen.

Verließ den Wald.

Und trat zurück ins System.

Aber diesmal

war ich nicht nur eine Akte.

Ich war ein Mann,

der in einem Haus

ohne Schlösser

geschlafen hatte.

Aber draußen

wartete eine andere Art von Prüfung.

Eine, die nicht mit Papieren begann —

sondern mit einem Blick.

Ende des Kapitels

24

Stärker

Ich kannte sie nicht.
Sie kannte mich nicht.
Und doch wählte sie mich aus –
mitten im Lärm der Stimmen,
dem Klirren der Gläser,
dem Schein der Hallenbeleuchtung.
Es war Silvester.
Ich war allein gekommen.
Nicht zum Feiern.
Nur, um da zu sein –
irgendwo zwischen Musik und Menschen.
Etwas Wärmeres als meine Gedanken.
Ich wollte nicht dazugehören.
Ich wollte nur für einen Moment aufhören, fremd zu sein.
Sie kam, um sich ein Getränk zu holen.
Eine Frau mittleren Alters,
freundlich, höflich –
mit einer Stimme, die willkommen hieß,
aber prüfte.

Sie lud mich ein,
an ihrem Tisch Platz zu nehmen.
Ihre Tochter war da.
Freunde.
Ehemänner.
Ein kleines soziales System.
Und ich –
ein Einzelner, hineingelassen,
aber nicht ganz dazugehörig.
Wir redeten.
Über das Leben.
Über Kulturen.
Über Gewohnheiten.
Ich fragte sie ehrlich,
wie man in Deutschland eine Frau anspricht.
Sie antwortete direkt:
„Kein Körperkontakt. Unter gar keinen Umständen.
Sag einfach, was du fühlst.
Aber fass sie nie an.“
Später kam das Essen.
Sie beobachtete mich genau.
Besonders, als Schweinefleisch serviert wurde.
Ihre Augen sagten nichts –
aber sie fragten viel.
Ich spürte:
Es war kein Gespräch.
Es war ein Test.
Um Mitternacht gingen wir raus,
um das Feuerwerk zu sehen.
Für einen Moment waren wir alle gleich –
nur Schatten unter Lichtexplosionen.

Dann kamen die anderen.
Junge Leute.
Laut. Betrunken.
Sie hatten die günstigeren Tickets nach Mitternacht gekauft.
Der Saal füllte sich.
Die Familie zog sich zurück.
Ich fragte nicht, warum.
Ich stand wieder allein am Tresen.
Wartete auf ein Getränk, das nicht kam.
Da tauchten sie auf.
Zwei Männer.
Laut hinter mir.
Ich drehte mich um.
Einer sah mich an –
nicht wie ein Mensch,
sondern wie eine Waffe, halb entsichert.
Er sagte etwas.
Ich verstand es nicht.
Dann wiederholte er es.
Schärfer. Deutlicher.
Ich hob mein Handy –
nicht um zu filmen,
nur um mich zu schützen.
Der andere schlug es mir aus der Hand.
„Komm raus", sagten sie.
Ich dachte, sie wollten reden.
Draußen ging es sofort los.
Einer hielt mich fest.
Der andere schlug zu.
Sie wollten mein Handy.
Ich sagte, dass ich die Polizei rufe.

Der, der mich zuvor gehalten hatte,
trat einen Schritt zurück und zischte:
„Tu's nicht."
Da wusste ich:
Diese Nacht würde nicht mit einem Gespräch enden.
Ich tat es trotzdem.
Die Polizei kam.
Testete mich.
Fragte, ob ich betrunken sei.
Ob ich die Männer kannte.
Ich verneinte.
Sie sagten, ich könne wieder hineingehen.
Also tat ich das.
Nicht, weil ich stark war.
Sondern weil ich keine Angst mehr fühlen wollte.
Ich hatte genug Angst für ein ganzes Leben.
Später, am Tresen.
Ein Paar stand neben mir.
Wir einigten uns, eine Flasche zu teilen –
um schneller bedient zu werden.
Ein kleiner Moment.
Fast normal.
Dann sah ich sie wieder.
Links und rechts von mir.
Ich schaute beide an.
Langsam.
Nicht wütend.
Nicht ängstlich.
Einfach nur verwundert –
wie jemand,
der weiß,

dass der Albtraum noch nicht vorbei ist.
Und dann –
schlugen sie zu.
Fäuste.
Arme.
Hände um meinen Hals.
Er drückte zu.
Mit aller Kraft.
Sein Gesicht schrie.
Seine Augen brannten.
Ich spürte,
wie sich in mir ein alter Muskel regte –
der, der überleben will, egal wie.
Sie waren größer als ich.
Jünger.
Stärker gebaut.
Aber ich wusste,
ich könnte mich befreien.
Ich könnte ihn verletzen.
Richtig verletzen.
Doch wenn ich zurückschlage –
wie weit würde ich gehen?
Was bliebe übrig?
Ich sah nicht nur ihre Gewalt.
Ich sah ihre Dummheit.
Ihre Angst.
Ihre Leere.
Und ich wusste:
Ich werde ihnen nicht gehören.
Also ließ ich los.
Ich ließ die Luft verschwinden.

Ließ ihre Dummheit gegen meine Kehle schlagen.
Dann kam die Dunkelheit.
Als ich wieder zu mir kam,
lag ich am Boden.
Hände hielten mich fest.
Mein Shirt war blutig.
Mein Atem schleppte sich vorwärts.
Sicherheitsleute zogen mich zum Krankenwagen.
Blaulicht spiegelte sich in den nassen Straßen.
Das Martinshorn jaulte – und verstummte wieder.
Es heulte wie ein verletztes Tier,
das keiner hörte.
Im Wagen fragte mich der Sanitäter,
ob ich liegen oder sitzen wolle.
Ich sagte: sitzen.
Er maß meinen Blutdruck.
Im Krankenhaus wartete ich.
Eine Stunde.
Dann kam die Nadel.
Sie nähten eine Wunde am Hinterkopf.
Nur ein Zentimeter breit.
Aber sie fühlte sich an wie ein Riss,
der viel tiefer ging.
Ich habe nicht zurückgeschlagen.
Nicht, weil ich schwach war.
Sondern weil ich weiß,
was passiert,
wenn man Gewalt füttert.
Weil ich weiß:
Wahre Stärke schlägt nicht zu.
Sie hält aus.

Sie entscheidet.

Sie schweigt, wenn Schreien sinnlos ist.

Ich war stärker.

Aber Stärke zeigt sich nicht nur im Körper.

Manchmal zeigt sie sich in der Stille.

In dem, was man mit sich trägt –

über Jahre, über Kontinente.

Ende des Kapitels

25

Die Stimme hinter dem Vorhang

Manchmal arbeite ich –
vertieft in Code, Gedanken, Abläufe –
und merke es nicht sofort.
Zuerst ist es nur ein Geräusch.
Ein Hintergrundklang.
Aber dann wächst es.
Weich.
Langsam.
Rhythmisch.
Eine Stimme,
die durch die Stille steigt.
„Ya Hussein…“
„Ya Zainab…“
Es war nicht das Radio.
Kein Nachbar.
Es war sie.
Meine Mutter.
Sie sang Nawha.
Nicht bei einem Trauerzug.

Nicht bei einem religiösen Anlass.
Einfach so –
beim Abwasch.
Beim Zusammenfalten der Wäsche.
Während sie mit mir telefonierte,
schweigend.
Sie merkte es selbst nicht.
Sie trauerte,
ohne zu wissen,
dass sie trauerte.
Als ich ein Kind war,
war es immer da.
In der Küche.
Im Flur.
In meinen Träumen.
Nicht nur an Ashura.
Jede Woche.
Jeden Tag.
Sie sang den Schmerz so,
wie andere Frauen Schlaflieder summen.
Und an bestimmten Tagen war unser Haus voll.
Die Frauen kamen in Schwarz.
Barfüßig manchmal.
Manche mit Kindern an der Hand.
Sie setzten sich in einem Kreis,
der nie ganz rund war.
Und dann begann es:
Meine Mutter erhob ihre Stimme –
langsam,
zittrig,
weinend.

Sie sprach nicht.
Sie klagte.
Und die anderen Frauen antworteten.
Nicht mit Worten.
Sondern mit ihren Körpern.
Sie schlugen sich auf die Brust.
Im Rhythmus.
Hart.
Immer härter.
„Wa Hussein… Wa Hussein…“
Ich durfte nicht dabei sein.
Ich war ein Junge.
Ein Kind.
Zu jung, zu männlich,
zu fremd für das, was da geschah.
Also blieb ich in meinem Zimmer.
Die Tür war zu.
Aber nicht der Klang.
Ich hörte es.
Durch die Wände.
Durch die Jahre.
Die Stimmen.
Das Weinen.
Das Schlagen.
Es wurde zum Hintergrundrauschen meiner Kindheit.
Ich fragte nie:
Warum so viel Trauer?
Ich dachte:
Das ist einfach, wie Leben klingt.
Ich habe meinen Vater früh verloren.
Sie hat mich allein großgezogen.

Und dafür werde ich sie immer respektieren.
Aber sie hat mich auch
inmitten eines ewigen Trauerzugs großgezogen.
Ein Zuhause,
dessen Soundtrack Klage war.
Sie nutzte ihre Stimme,
um mich zu leiten.
Aber diese Stimme war gefüllt
mit dem Klang von Tod.
Später verließ ich den Glauben.
Verließ das Land.
Ich sagte mir, ich sei frei.
Aber ich war es nicht.
Sogar hier –
tausende Kilometer entfernt,
in einer anderen Sprache,
in einem anderen System –
war diese Stimme noch da.
Sie wusste immer noch,
wie sie in mich eindringen konnte.
Einmal telefonierte ich mit ihr –
wie jeden Tag.
Kein richtiges Gespräch.
Nur Nähe.
Ich arbeitete an einem Codeproblem.
Tief versunken.
Und dann kam es wieder.
Ihre Stimme.
Dieser Rhythmus.
Dieser Schmerz.
Leise.

Fast unbewusst.
Aber ich fror ein.
Es traf mich im Rückenmark.
Da wurde mir klar:
Sie hatte den Schmerz nicht nur um mich herum gesungen.
Sie hatte ihn in mich hineingepflanzt.
Diese Stimme wurde zu meiner **inneren** Stimme.
Diese Klage wurde zu meiner Denksprache.
Dieser Rhythmus des Leidens –
langsam,
hallend,
heilig –
wurde der Takt,
in dem ich meine Fehler erzählte.
Nicht weil sie mich verletzen wollte.
Nicht weil sie grausam war.
Sondern weil es die einzige Musik war,
die sie kannte.
Ich mache Therapie.
Ich nehme Medikamente.
Ich versuche,
die inneren Skripte umzuschreiben.
Aber diese Stimme?
Sie ist hartnäckig.
Sie bleibt.
Die meisten Menschen rennen zu ihren Müttern,
wenn sie verletzt sind.
Sie suchen Trost in ihren Armen.
Finden Ruhe in ihrer Stimme.
Aber bei mir ist es komplizierter.
Denn ihre Stimme

ist genau die,

die ich bis heute versuche zum Schweigen zu bringen.

Nicht um sie zu vergessen.

Nicht um sie auszulöschen.

Sondern um mich selbst zu hören –

ohne die Trauer.

Doch nachdem ich die Stimmen meiner Vergangenheit erkannt hatte,

blieb eine andere Frage:

Wer war ich ohne sie?

Und während diese Frage in mir nachhallte,

ging das Außen weiter.

Das System hatte keine Pause-Taste.

Ende des Kapitels

26

Zerstreute Koordinaten

Nach Athen.
Nach den Ablehnungen.
Nach dem Bier in der Küche
und der Stille des Waldes —
kam das System.
Ich wurde in ein Lager geschickt.
Nicht das letzte — nur ein Zwischenstopp.
Sie nahmen meine Fingerabdrücke.
Stellten Fragen.
Legten die Akte an.
Dann kam **Friedland**.
Der Name bedeutete etwas in der Geschichte —
ein Ort der Ankunft nach dem Krieg.
Für einen Moment war ich hoffnungsvoll.
Als würde dieser Name bedeuten,
dass ich endlich am richtigen Ufer angekommen war.
Aber es war nur ein weiterer Halt.
Noch ein Interview —
eins von vier,

über vier Jahre verteilt.
Dann — endlich — eine Stadt.
Irgendwo im Nordwesten.
Ruhig.
Sauber.
Ein See in der Nähe.
Freundliche Menschen.
Geschlossene Läden.
Es war immer noch **Corona**.
Und ich war allein.
Und langsam —
nicht auf einmal —
begann mein Geist, sich nach innen zu falten.
Kein Panik.
Kein Schrei.
Nur eine Schwere.
Ein Nebel, der sich im Körper festsetzt.
Der einen bis in die Küche verfolgt.
Der sich neben einen legt, wenn man schläft.
Ich sagte mir:
Vielleicht, weil ich nichts tue.
Vielleicht, weil es zu still ist.
Vielleicht, weil endlich niemand mehr gegen mich kämpft —
und ich nicht weiß, wer ich bin, wenn ich nicht kämpfen muss.
Ich sah einen Psychiater.
Ich saß in dem Raum
und sagte das Wort, das ich mir nie erlaubt hatte:
Elend.
Nicht wegen Deutschland.
Nicht wegen dem, was um mich war.
Sondern weil ich nicht mehr wusste, wer ich bin.

Ich sagte mir:
Karrar — du bist jetzt in Freiheit.
In einer Demokratie.
Was fehlt dir noch?
Aber es saß tiefer.
Ich hatte 30 Jahre in Trauer gelebt.
Religiösem Schmerz.
Selbsthass, der als Frömmigkeit verkleidet war.
Ich hatte nie gelernt, wie sich Freiheit anfühlt.
Wie fühlt es sich an,
in einem Wald aufzuwachsen,
in dem es keine erfundenen Regeln mehr gibt?
In dem niemand deine Gedanken straft,
niemand deine Wünsche zensiert?
Was passiert mit einem Menschen,
wenn man ihm plötzlich erlaubt, zu atmen —
aber er nie gelernt hat, was Luft ist?
Ich hatte gelernt, mich selbst zu kontrollieren.
Mich klein zu halten.
Mich zu verurteilen,
bevor es andere tun konnten.
Dieses Urteil hatte ich so oft gesprochen,
dass ich nicht mehr wusste,
wie man einen Satz ohne Schuld beendet.
Wie fühlt es sich an,
wenn niemand sagt,
dass deine Tränen Gott erfreuen?
Wie fühlt es sich an,
wenn man nicht mehr sein eigener Richter,
Henker
und Kritiker ist?

Mögen sie mich?
Lächeln sie nur höflich,
aber lachen über mich?
Bin ich willkommen —
oder nur ertragen?
Was, wenn sie doch nur darauf warten,
dass ich einen Fehler mache?
Was, wenn ich nie gelernt habe, zu leben —
nur zu überleben?
Ich fragte mich:
Wo gehöre ich hin?
Geboren im Irak —
aber die Kultur abgelehnt.
Omanischer Pass —
aber nie als Omani gefühlt.
In Bahrain gelebt —
ein kleines Stück Heimat.
Ich spreche ein bisschen Persisch —
aber ich bin kein Iraner.
Griechenland — bitter und bittersüß.
Und Deutschland?
Deutschland ist das Land
der stillen Freundlichkeit.
Von Würstchen und Bier
und ruhigen Wäldern.
Von Herbsten,
in denen die Straßen ihre schönsten Farben tragen,
bevor sie schön sterben.
Aber ich?
Ich bin zerstreut.
Ein Pass hier.

Eine Narbe dort.
Eine Erinnerung in einer Sprache.
Ein Witz in einer anderen.
Ein Gebet, das ich nicht mehr spreche.
Ein Name, den ich noch trage.
Ich bin nicht verloren.
Aber ich bin auch nicht gefunden.
Ich bin **Koordinaten**.
Und an manchen Tagen
bilden sie keine Karte.
Ich sollte mich neu erfinden.
Eine neue Stimme finden.
Ein neues „Ich“.
Aber wie beginnt man damit?
Wie tötet man einen Schatten,
der dieselbe Stimme spricht wie man selbst?
Ich dachte,
das Schlimmste läge hinter mir.
Aber das Schlimmste wartete nicht draußen.
Es wartete im Briefkasten.

Ende des Kapitels

27

Ich bin ein alleinstehender, gesunder, erwachsener Mann

Das war alles, was sie sahen.
Nicht meinen Namen.
Nicht meine Geschichte.
Nicht die Angst,
die mich über Kontinente hinweg gejagt hat.
Sie sahen mein Alter.
Mein Geschlecht.
Meine Muskeln.
Und mit einem Stempel sagten sie:
„Er kann überleben."
Als wäre Überleben dasselbe wie Leben.
Als wäre es ein Plan,
sich unter andere Geflüchtete zu mischen —
unter Menschen,
vor denen ich fliehe.
Als wäre ein Platz in der Schattenwirtschaft —
ohne Rechte,
ohne Schutz —

eine **Zukunft.**
Sie sagten nicht, ich hätte gelogen.
Sie sagten nicht, ich hätte unrecht.
Sie sagten einfach nur:
„Er ist ein alleinstehender, gesunder, erwachsener Mann."
Dieses Etikett war meine Ablehnung.
Aber jetzt —
ist es der Titel dieses Buches.
Dieses Buch, das du gerade in den Händen hältst?
Es besteht aus Seiten,
die sie ignorieren wollten.
Es ist gebaut
aus dem Schweigen,
das sie erwartet haben.
Und es endet hier —
nicht mit Freiheit. Noch nicht.
Aber mit **Wahrheit.**
Ich weiß nicht,
was als Nächstes kommt.
Aber ich bin noch da.
Und jetzt
ist es die Geschichte auch.

Ende des Kapitels

Über den Autor

Karrar Hamza (auch Karrar Al Asfoor) wurde im Irak geboren, lebte zeitweise in Bahrain, Malaysia , Iran und Griechenland, und lebt heute in Deutschland.

Er ist Ex-Muslim, Menschenrechtsaktivist und Mitglied der säkularen Bewegung. Seine Texte sind geprägt von den Erfahrungen religiöser Indoktrination, politischer Verfolgung und innerer Zerrissenheit.

In Ich bin ein alleinstehender, gesunder, erwachsener Mann verarbeitet er die Bruchstücke eines Lebens, das zwischen Grenzen, Ideologien und Heimaten pendelt – und dabei immer wieder die Frage stellt: Was bleibt vom Ich, wenn das Außen alles bestimmt?

Er wurde 2018 von der Kazimierz-Łyszczyński-Stiftung mit dem Titel „Atheist of the Year“ ausgezeichnet.

Er schreibt weiter – aus einem Niemandsland heraus, das vielen gehört.

Danksagung

Dieses Buch ist nicht nur mein Werk. Es ist das Echo vieler Stimmen, Hände und Herzen, die mich getragen haben, lange bevor die ersten Worte geschrieben wurden.

Mein tiefster Dank gilt **Maryam Namazie** – einer Wegbegleiterin, die mich nie losgelassen hat, selbst als ich noch im Irak war. In dunklen Stunden war sie mehr als eine Unterstützerin. Sie war wie eine zweite Mutter. Und vielleicht ist sie genau das – die geistige Mutter einer Bewegung, die weltweit Grenzen sprengt.

Ich danke den Menschen von der **Säkularen Flüchtlingshilfe Deutschland e.V.**, besonders **Stefan**, **Dittmar**, **Dustin**, **Paul**, **Nicole** und **Andreas** – für ihre Menschlichkeit, ihren Mut, und ihr frühes Vertrauen in meine Stimme.

Danke an **Robert**, der mir ein Dach bot, als ich keines hatte — und keinen langen Fragen folgte, nur einer einfachen Geste.

Danke auch an **Britta**, **Martin**, **Karlotta** – und natürlich **Emily, die Katze** – für ein Zuhause in einer Welt der Zwischenräume.

Ich danke meinen Mitstreiter:innen: **Worood Zuhair**, **Yahya Ekhou** und **Rana Ahmad** – für ihre unerschütterliche Kraft, ihr Licht und ihre Loyalität in einem Kampf, den nicht jeder sieht.

Ein aufrichtiger Dank geht an die **European Humanist Federation**, deren Solidarität weit über Worte hinausging – sowie an **Nina Sankari** und die **Kazimierz-Łyszczyński-Stiftung** für ihre Anerkennung und ihr kompromissloses Eintreten für die Freiheit des Denkens.

Dieses Buch ist mein Atem – aber ihr wart der Sauerstoff.

Nachwort

Am Ende geht es nicht darum, wie weit wir gekommen sind.

Nicht, wie viele Länder wir durchquert, wie viele Papiere wir gesammelt haben.

Nicht einmal, wie viele Mauern wir überwunden haben.

Es geht darum, wer wir geworden sind — trotz allem.

Dieses Buch erzählt nicht nur, was passiert ist.

Es zeigt, was geblieben ist.

Was sich verändert hat.

Was ich ablegen musste, um mich selbst nicht zu verlieren.

Und was ich behalten habe, obwohl es wehgetan hat.

Ich bin nicht mehr der Junge aus Nadschaf.

Nicht mehr der Gläubige. Nicht mehr der Flüchtende.

Aber ich bin auch nicht fertig.

Vielleicht wird man nie ganz ankommen.

Vielleicht ist das der Punkt.

Nicht das Ziel.

Sondern, wer man ist, wenn man unterwegs ist.

Folge mich

Wenn du mit mir in Verbindung bleiben möchtest:

Gedanken, Texte, Fragmente – manchmal laut, manchmal leise.

Instagram: @karrar.alasfoor

X (ehemals Twitter): @KarrarAlAsfoor

E-Mail: karrarasfoor@gmail.com

Ich freue mich über Austausch, Kommentare, Fragen – oder einfach über ein stilles „Ich war da".

Wenn du mir persönlich schreiben oder Feedback zum Buch geben möchtest, erreichst du mich auch per E-Mail.